改訂版

# 学びの
# ティップス

## 大学で鍛える思考法　　近田政博

玉川大学出版部

# まえがき

　大学新入生のみなさん、あなたの大学生活は順調ですか。

　いきなりぶしつけな質問ですみません。もしかして、大学に入ってしまえば思いっきり遊べるぞと思っていませんでしたか。実際には、大学での学習に本気で取り組めば、そんなに楽なものではないことに気がつくはずです。大学の授業では高校までのように手取り足取り教えてくれません。仮に、あなたが授業を無断で休んだとしても、誰もしかってくれません。それは自己責任としてみなされます。1回あたりの授業時間は長いし、勉強する内容は高校までとは比べものにならないくらい難しくなります。時間割も自分でつくらなくてはいけない。そして、キャンパスは高校とは比べものにならないくらい広く、学生も教員もたくさんいます。高校とのスケールの違いに、いろいろと戸惑うことが多いでしょう。自由ほど怖いものはありません。

　たとえていうなら、大学新入生は大海に漕ぎ出した小舟のような存在かもしれません。高校時代までは学ぶべき内容と到達目標（大学受験）が決まっていて、いわば灯台の明かりに照らされて内海を巡航するようなものでした。「大学での学習」という遠洋航海のためには、一定の基本知識と思考法と学習スキルが必要になります。誤解を恐れずにいえば、大学での学習が高校までの勉強と大きく異なる点は、周りが与えてくれるものを吸収する

学習スタイルから、問題意識をもって自発的に学習課題に取り組む姿勢が不可欠になるということです。自発的に学ぶということは、「自分の頭で考える習慣をつける」ことにほかなりません。

　本書『学びのティップス　大学で鍛える思考法』は新入生向けに、大学で学ぶことの意味や自発的に学習できるようになるための思考法や方法論についてのアイデアを提供するものです。「ティップス」(tips)とはちょっとしたコツとかノウハウという意味です。さらにいえば、自ら学ぶ習慣をつけることは、大学新入生だけでなく、どんな仕事に就くうえでも不可欠の要素です。自発的に学ぶ習慣は、大学での学習活動に応用できるだけでなく、卒業後の人生においても大いに役に立ちます。いいかえれば、**大学時代に自発的に学ぶ習慣を身につけられれば、あなたの大学生活はひとまず成功だといえるでしょう。**

　思考法に関する類書はすでに多く出されていますが、それらの多くはビジネスマン向きです。これに対して、本書は大学新入生の目線に立ち、高等教育学の知見や私自身の大学教員としての経験知を活かして、新入生が学習習慣をつけることができるようになるための基本ノウハウを紹介します。本書があなたの大学生活を成功に導くうえで役に立つことを願ってやみません。

# Contents

# Chapter 3　自ら学ぶ習慣を身につける方法

# 本書の使い方

本書は3章構成になっています。
「大学とは何か」「大学で何のために学ぶのか」という問題提起から始まり、次に大学での授業や学習活動に適応するための方法を紹介し、最後に自発的に学ぶ習慣を身につけるためのコツを紹介します。

## Chapter 1　あなたが大学で学ぶことの意味

高校生あるいは大学に合格したばかりの受験生など、これから大学に入学する人向けの内容です。大学で学ぶことの意味についてわかりやすく紹介します。

## Chapter 2　大学の授業・学習に適応する方法

大学に入学したばかりの新入生向けの内容になっています。入学してから夏休みまでのスタートダッシュにおいて、大学の授業や学習活動にどうやって適応したらよいかを紹介します。

## Chapter 3　自ら学ぶ習慣を身につける方法

とりあえず大学生活が落ち着いてから読んでください。大学生活全般において、自発的に学ぶ習慣をつけるための思考法や行動ノウハウについて紹介します。

# Chapter 1

# あなたが大学で
# 学ぶことの意味

# 大学とは「知の共同体」である

「**何**のために学ぶのだろうか」と考えたことは、誰でも一度や二度はあるのではないでしょうか。病気を治すために薬を服用している人のほとんどは、薬を飲むことそのものに価値を置いているわけではなく、それによって得られる健康のほうに大きな価値を置いています。だから、その薬が病気に効かないことがわかったとしたら、その人は薬を服用するのをやめるでしょう。これと同様に、冒頭の問いは、学ぶことをそれ自体とは別の目的に至るための手段であると位置づけているわけです。

何かの手段のために学ぶという考え方は、大学での学びのあり方については当てはまりません。なぜなら、大学というところは学ぶことそのものに価値を置く人々の集まりだからです。つまり、社会的地位の向上とか、お金がたくさんもうかるからといった、何か別の目的に役立つから学ぶのではありません。学び、発見すること自体がもっている楽しさ、わくわくする気持ち、達成感のために学ぶところ、それが大学です。いいかえれば、大学は「知の共同体」といえるでしょう。こうした学びの魅力、あるいは魔力にとりつかれた人たちの集う場所、それが大学です。あなたは、こうした「知の共同体」の入口に立っているわけです。

大学は自ら学ぼうとする人々が自発的につくった共同体として始まりました。大学が発生したのは中世のヨーロッパです。「設立」ではなく「発生」であることに注意してください。12世紀になると、それまでイスラム圏でアラビア語に翻訳されて伝承されていた古代ギリシャ・ローマの学問を、ヨーロッパに再輸入する動きがさかんになってきました。当時、そうした最新モードの学問を学びたいという人たちが集まって勉強会のようなものができてきます。

その後、時代の変化に伴って、大学にはいろいろな目的が付加されるようになりました。専門職エリートの養成、富国強兵や官僚養成、産業界や地域社会への貢献などです。日本の大学には、近代国家建設のための人材養成という性格が強く投影されました。しかし、洋の東西を問わず、大学が、知ること・学ぶことそのものに価値を見いだす人々の「知の共同体」でなくなったことは一度もありませんでした。

世のなかを見渡してみてください。学ぶこと自体が目的であり価値であるような、こんなユニークな場所が大学以外にあるでしょうか。あなたは、こういう共同体でこれから数年間を過ごすわけです。これはあなたにとって、とてつもなく貴重なチャンスなのです。

# 意味 その2

## 学識はあなたの視野を広げてくれる

**あ**なたが人生の重要な時期を大学で過ごすことの意味はいったい何でしょう。大学を卒業した後で企業に勤める人も、公務員になる人も、教員になる人も、医師になる人も、法律家になる人も、国際機関で働く人もいることでしょう。なかには、作家や芸術家の道を目指す人もいるでしょう。大学院に進学する人もたくさんいるでしょう。こうしたすべての人に共通する、大学で学ぶことの意味とは何でしょうか。

あなたがどの道に進もうとも、どんな職業に就こうとも、「一市民」として生きていくことに変わりありません。ここでいう市民とは、「社会を担い、社会を動かしていく人」くらいの意味に理解してください。これから大学で学ぶあなたに期待されているのは、もう少しハードルの高い目標です。いわば、「学識ある市民」になることです。

「学識」という言葉はあまり聞き慣れないかもしれませんね。**「学識」とは、学ぶこ**とによって得られる知識や能力や考え方のことです。ここでいっている「学識」という言葉は一般的な意味での「教養」といいかえてもかまいません。「教養」とは、人間が生きていくうえで獲得するあらゆる知識や考え方、信念などが含まれます。ところが残念ながら、日本の大学においては「教養」という語は、「専門」教育の反対語のように限定的な意味で使われることが少なくありません。

本書で扱うのは、大学での学習全般においてあなたが獲得する能力、そして一生にわたって、あなたが学び続けていくなかで備わっていく力のことです。そこで誤解を避けるために、本書では「学識」という語を使います。まず考えてみましょう。「あの人は教養がある」とか「あの人は学識豊かだ」というとき、そこには次のような意味が込められていると考えられます。

**豊かな知識**

まずは、「物知り」ということでしょう。学識には豊かな知識が含まれます。たしかに、物を知らないよりも知っていたほうが

豊かな人生を送ることができます。しかし、断片的な知識をたくさん詰め込んだクイズ王がいたとしても、それだけでは学識豊かとはいえませんね。豊かな知識は必要条件ですが、それだけでは十分とはいえません。重要なのは、そうした豊かな知識をどのように活用するかということです。

## 知識と知識を関係づける能力

　学識のあるなしは、知識と知識を結びつける能力に現れます。たとえば、あなたが現代日本の「フリーター」問題を考えているとしましょう。そのとき、映画で知った1970年代のヒッピーたち、落語で聴いた江戸時代の若旦那、本で読んだ古代ギリシャの哲人の生き方を連想し、それらの類似点と相違点はどこにあるのかについて考えを巡らせるのが学識ある人です。

## 時間的・空間的に巨大な座標系

　学識ある人がさまざまな知識を結び合わせることができるのは、頭のなかに知識が雑多な寄せ集め状態としてではなく、

しっかりした座標系に位置づけられて存在しているからです。そして、この座標系の軸が多様で、時間的・空間的にもスケールが大きいほど、その人は学識豊かな人だといえます。たとえば、「自分は何者か」を考えるときに、「〇〇大学の学生で偏差値はこれくらい」としか考えられないか、それとも、日本の人口ピラミッドのなかではこのあたりに位置している、世界のなかではこういう役割を期待される国の一員だ、生物の歴史のなかではこんな特殊性をもつ種に属している、宇宙のなかではこういう場所に生きているぞ、といった考え方ができるかどうか。ここに学識の豊かさは現れます。

## 科学的な考え方

　あなたは物事を判断するときに、自分の思い込みやうわさ話、迷信などに左右されることはありませんか。21世紀の「学識」には、科学的なものの考え方が不可欠の要素として含まれます。**科学的な考え方とは、自分の先入観にとらわれずに、事実や真理などの科学的根拠に基づいて物**

事を判断することです。あなたがじかに体験できる世界はかぎられています。宇宙の片隅にある地球の表面にへばりついて生きているし、電磁波のうちのごくかぎられた波長のものしか見ることができないし、記憶容量も無限ではないし、未来の予知能力もないし、透視能力もない……。こんなあなたの直接体験の限界を突破してくれるのが、科学というものの考え方です。文系・理系にかかわらず、現代社会で生きていくためには、科学がもたらす事実や真理を尊重する態度が求められます。

このように**学識とは、知識であり、知識と知識を結びつける能力であり、考え方のことでもあります。こうした学識を身につけることで、あなたの視野が広がり、さまざまな先入観から解放してくれます。**大学の教養教育の原語である「リベラルアーツ」という言葉には、「人間をさまざまな制約から自由にする」という意味が含まれています。こうした制約には、あなたがこれまで無意識に培ってきたさまざまな先入観や偏見なども含まれています。

大学で学問を修めることによって、自分自身のなかにこうした制約があることに気づき、物事を相対化して考える習慣が身につくようになります。

高校時代までは学校で与えられる課題には解答が存在し、問題集の末尾に解説と一緒に掲載されていたことでしょう。自動車教習所なども同様です。教則本には正解が必ず存在し、どの程度理解できたかが点数化されます。しかしこうしたケースは実社会ではむしろ少ないのです。たとえば、「死刑を認めるべきかどうか」という問題に答えはありません。状況や立場や価値観によってさまざまな見解が存在するからです。大学生が成長するということは、単に知識の量を増やすだけでなく、相互に対立する複雑な要素や価値によって社会は成り立っており、それらが状況によって変化しうることを認識できるようになることなのです。学識を深めることによって、白黒の二元論的な考え方から自己を解放し、複雑な状況のなかで粘り強く考える力を高めることができるでしょう。

## 学識とは信念や生き方でもある

これまで、学識とは何かということを知識や能力という観点から考えてきました。しかし、学識はそれだけではありません。重要なのは、それらの知識や能力が生きる態度とどのように結びついているかということです。

このことを考えるヒントとして、ヒトの種としての特徴は何かということを考えてみましょう。ヒト以外の生物は世代から世代へと情報を伝えるチャンネルを、主に遺伝に依存しています。しかし、ヒトという種は、世代間情報伝達の手段として遺伝以外のチャンネルを発展させてきました。そして今やこれら「その他の」チャンネルに大きく依存する種になっています。それが「文化」と呼ばれるものです。われわれの生存が、文化という世代間の情報伝達手段に大きく依存していることを理解するのは容易でしょう。たとえば感染症ワクチンや効率的な食料生産やその輸送の仕組みといった科学技術の成果なしに、あなたが今日まで生き延びてこられただろうかと考えてみてください。

あなたの生存を支えてくれている人類の遺産は目に見える科学技術にかぎられません。目に見えないもの、たとえば概念も重要な文化的遺産の一つです。ここで、「人権」という概念を考えてみましょう。人類は最初からこの概念をもっていたわけではありません。人類の歴史のなかで、誰かがこの概念を発明し、それを洗練させて鍛え上げてくれたのです。でも、それだけでは人権概念とあなたの生存とは結びつきません。17世紀ヨーロッパの思想家たちと、21世紀日本のあなたの間に生きていた無数の人々が、この新たに発明された概念を次世代に次々とリレーしてくれたからこそ、「人権」という概念は現代のあなたに届いているのです。

このリレーがどこかで途切れていたと想像してみてください。あなたのそれなりに幸福な生存は可能だったでしょうか。ぞっとしますね。人が奴隷のように他人の財産として売買され、一生自由は与えられず、ときには気まぐれにリンチにかけられ木から吊るされる。こういうことがちょっと前までは

当たり前のようにあったし、今も世界のあちこちで起きています。あなたを生かしているのは、科学技術の成果だけではありません。概念もヒトの幸福な生存にとって不可欠なのです。

よい概念、よい世界観を生み出し、それを加工・洗練させて、次の世代に伝える。こうした営みは遺伝子を次世代に残すこと以上に、ヒトという種にとっては重要なことです。こうした世代間情報伝達を支える制度や組織は、図書館、博物館、研究所などいろいろあります。これらの制度、組織のうち最も重要なものの一つが大学です。なぜなら、大学は人類の知的遺産を保存し、次の世代に伝えるだけではなく、そのリレーを大切に思い、それに新たに参加する人たちも生み出しているからです。

以上のことをふまえて、学識ある市民の生き方がどのようなものであるかを考えてみましょう。簡単にいえば、「学識ある市民」とは、次のような気持ちをもつ人々

のことだといえるでしょう。

### 人類の知的遺産に対する畏敬の念をもつ

学識ある市民は、自分より優れた先人がいること、自分が理解している範囲を超える知的世界が広がっていること、人類が成し遂げてきた知的成果のもとでは、自分は取るに足りない存在であることを知っている。

### 知ること、学ぶことへの努力をあきらめない

自分は文系だからといって、「遺伝子なんて自分には関係ない」とは思わない。理系だからといって、「シェイクスピアなんて一生読まなくてもいいや」とは思わない。学識ある市民は、今はわからなくても、いつかはわかりたいという憧れを抱き、それを理解しようとするための努力を惜しまない。

### 学び、知るための努力が 同時に生きる喜びでもある

学識ある市民にとって、学び続けることや考え続けることは、何かの手段として重

要なのではなく、それ自体が人生を費やすに値するこのうえない価値である。知らなかったことを知ることは最大の喜びである。

## 学んだことを人々のために活かそうとする

私たちは残念ながら、パーフェクトな世界に暮らしているわけではない。だから、生きているうちにさまざまな問題に出会い、それを解決しなくてはならない。学識ある市民は、知が問題を解決する重要な手段だということを知っていて、自分が学んだことをその問題解決に活かそうと努力する。そして、それが大学で教育を受けた者の果たすべき責務だということを自覚している。

## 人類の知的遺産を次代に継承する
## リレー走者であろうとし、
## そのことを誇りに思っている

学識ある市民は、自分が学んだことと知への愛を次の世代の人々に伝えるために努力する。これは、教員が学生に伝えるということにかぎらない。先輩は後輩に、大人は子どもに、学ぶことの喜びを態度で示す。また、学識ある市民は、次の世代が学ぶことに対する支援を惜しまない。

現代の大学のルーツといわれている中世ヨーロッパの諸大学においては、基礎科目は聖書を読み解くための能力（論理学、修辞学、文法）と神の摂理による自然現象を理解するための能力（天文学、算術、幾何、音楽）から構成されていました。科学哲学者の村上陽一郎氏の言葉を借りれば、キリスト教世界における基礎学問とは「神につながる力」を身につけることでした。科学技術が格段に進歩した現代においても人知の及ばないことは無数にあります。知ることや学ぶことへの努力をあきらめないのと同時に、自然には今なおたくさんの謎があります。無限に広がる宇宙のなかで人間の存在がいかにちっぽけなものであるかを素直に認めること、これも「学識ある市民」に求められる心の姿勢といえるのではないでしょうか。

# 意味
## その4

大学教員はあなたの先輩である

大学に入学して、あなたは大学教員から授業を受けることになります。あなたは大学教員についてどのようなイメージをもっていますか。いつも研究室にこもって本に埋もれているイメージでしょうか。あるいは、白衣を着て実験をしているイメージでしょうか。大学教員を別の言葉でいいかえると、先生、教育者、学者、科学者、研究者、専門家、評論家など、いろいろありますね。ここでは大学教員とはどんな職業なのかについて、ごく簡単に紹介しましょう。

大学教員は高等学校までの教員とは、いろいろな意味で大きく異なります。第一に、大学教員は自分のことをあまり教員（ティーチャー）だと自己認識していない不思議な教員だということです。むしろ、**大学教員の多くは自分のことを「研究者」（リサーチャー）であると強く認識しています。専門の学問領域について「研ぎ究める」者であるという意味です。**そして、「研ぎ究める」ことによる成果は、たいていの場合、学術論文を発表するという形で表現されます。

学術論文を書くとは次のような手順を踏むことです。まず、ある研究課題を設定し、その課題に関するさまざまな先行研究を調べて、問題点を指摘します。次に、一定の方法論に基づいた研究を実践します（実験、調査など手法は分野によってさまざまです）。実践によって得られた結果を考察し、結論をまとめます。こうして書いた論文をさまざまな学術雑誌に発表します。権威のある学術雑誌は審査が大変厳しく、優れた論文のみが採択されます。必ずしも論文だけが大学教員の活動成果ではありません。臨床系の医学教員は病院で診療行為をしますし、自分で演奏活動や創作活動も行う大学教員もいます。しかし大学教員の基礎資格となっている学位（博士号あるいはそれに準じた研究業績）は、基本的には学位論文を書いて、同じ分野の研究者から認められることによって授与される仕組みになっています。

第二の違いは、大学教員と学生の関係に関することです。それは、研究者という職業のメンタリティは、教員よりもむしろ学生に近いということです。**大学教員は自分のことを「教壇で教える人」である以前に、「優れた学習者」でありたいと思っています。研究者の本質は、いわば「プロの学び手」とでもいえるでしょう。多くの大学教員は、新入生のあなたとは、教え、教えられる関係ではなく、同じ学習者としての先輩・後輩の関係でありたいと思っています。**研究者である大学教員は、授業の内容をあなたに押しつけるつもりはありません。あなたはそれを自発的に学ぶつもりがあるなら、大学教員はそのための手ほどきやアドバイスを惜しまないでしょう。しかし、あなたにその気がないなら、大学教員はあなたに無理強いしたり、ペナルティを与えたりすることはありません。

　第三に、大学教員は研究する内容においても、教える内容においても自由が保障されていることです（外国のなかにはそうでないところもあります）。これを「学問の自由」と

いいます（日本国憲法の第23条に明記されています）。少なくとも現代の日本では、研究者としての基本的な倫理やマナーを守るかぎり、**研究内容について政治的な圧力を受けるようなことはありません。授業内容に関しても、どのような教科書を使うかについても、その分野の専門家である大学教員間で決めることができます。**大学の授業には高等学校までのような学習指導要領は存在しません。ただし、授業内容については高い水準を保ち、シラバス（授業計画）を公開するなど説明責任を果たす義務を負っています。教育活動について組織的な研修や研究を行うことも法律で義務づけられています。

　第四は、大学教員は「固有名詞の世界」の人々であるということです。今日の学問の世界は著しく専門分化が進んでいます。研究成果は学会で発表され、すぐに論文化されます。個人研究の場合もありますし、研究室ごとで共同研究が行われることも多いです。あるいは、再生医療で有名なES細胞の研究チームのように、異

なる大学・研究機関に属する研究者が合同でプロジェクトを組織する場合もあります。

こうした研究活動を行う際に最も重要な要素が独創性（オリジナリティ）です。学問の世界では他人と同じことを主張しても評価されません。少しでも人と異なる新しい知見、それもやみくもな意見ではなく、きちんとした科学的証拠を伴った新しい知見が求められます。先ほど、大学教員は優れた学習者でありたいと願っている、と書きました。これは厳密にいうと、必要なことですが十分条件ではありません。**大学教員には、ただ知識を学んで吸収するだけではなくて、より重要な責務として、自分のオリジナルな発見・学識・知見を社会に対して発信し続けることが求められています。**

第五は、大学教員の仕事は公共性が大きいということです。優れた研究業績によって、それに携わった研究者の名前は学会や社会全体に広く知れ渡ることになります。その発見が社会にばく大な利潤を与えることもあります。また、科学の成果が政治や軍事などに与えてきた影響も小さくありません。「未知のことを知りたい」という純粋な知的好奇心、そして社会のために役に立ちたいという公共心が重要なのです。したがって、**研究成果は個人の利害を超越して広く社会全体に共有され、普遍的な価値をもちます。そして、誰しもこれを自由に批判することができます。**

大学教員には、教授、准教授、講師、助教、助手などの職位がありますが、いずれも、既存の知を伝達するだけでなく、新しい知を発見したり、つくり出したりすることに喜びを感じる人々なのです。まるで、「暗闇のなかでダイヤモンドを探して、ひたすら掘り続ける鉱夫」のような存在だといえるかもしれません。

# 他者の生命、人格、学習を尊重しよう

大学は自由な場である。よく耳にする言葉ですね。そのとおりです。でも、これは大学では何をしても許されるのだ、という意味ではありません。

キャンパスでは、他者の生命、人格、学習行為を尊重することが求められます。大学には知を求めて多様な人々が集ってきます。多様性は、大学の活力を生む源です。あなたには、そうした人々の多様性に気づき、他者の生命、人格、学習を尊重することが求められます。

## 他者の生命を尊重する

意外に思われるかもしれませんが、大学には人間の生命をおびやかすような可能性のある場面が多いのです。たとえば、劇薬などを使用する化学実験や廃液処理を行う場合は、決められた手順や教員の指示を守ることが求められます。また、キャンパス内の点字ブロックや歩行者専用通路の上に駐輪することは、他者の安全・生命をおびやかす行為です。コンパなどの場における飲酒の強要、とくに一気飲みを強いることも、殺人につながる危険行為です。

## 他者の人格を尊重する

大学には多様な背景をもった人たちが集まっています。そしてその多様性を大学は重要な価値として尊重しています。授業中での発言やふとした会話のなかで、他者の出身地や方言、身体的特徴、人種や性、年齢を差別するような言葉は、慎まなければなりません。SNSなどのインターネット上でも同じです。そうした言葉を口にした本人に悪意がなかったとしても、言われた側は差別されているように感じることがあります。ふだんの何気ない一言、たとえば「あなたは○○高校出身だから、△△タイプね」というような紋切り型の表現が、もしかすると相手を傷つけているのかもしれません。こうした言動を誰かが行っているのを目撃したら、傍観せずに、勇気をもって注意してあげましょう。

## 他者の学習を尊重する

知の共同体では、他者の学習を尊重することが求められます。学習行動の妨害には、授業の途中入室や途中退室、教員やその他の学生が発表しているときの私語、自分に割り当てられた発表の無断キャンセル、図書館などの学習スペースでの迷惑行為（私語や飲食、携帯電話の使用など）などがあてはまります。こうした行為は、他者の学習意欲を阻害するだけでなく、知の共同体としての活力を低下させるものです。

反対に、他者の学習行動を尊重することは、大学に活力を与え、ひいてはあなたの学習を豊かにすることにつながります。たとえば、他の学生の授業中での発表や発言に対して賞賛したり、建設的なコメントを出すこと、授業中に積極的に発言・質問したりディスカッションに参加すること、学生同士で互いに学習をサポートすることなどは、長い目でみれば、あなた自身の学習の糧となるのです。

# Chapter 2
# 大学の授業・学習に適応する方法

# 専攻する分野の主題を考えてみよう

**あ**なたは、どんな理由で今の大学・学部を選びましたか。大学で何をやりたいと考えたのでしょうか。進路を決めたときのことを思い出してみてください。みなさんのなかには、偏差値のレベルや専門分野に対する一般的なイメージで選択した人も少なくないと思います。しかし、せっかく入学したのだから、自分の選んだ学部がどんな学問分野なのかを調べてみませんか。

どんな学問分野にも主題、つまりその分野の存在意義というべきものがあります。たとえば経済学には資源の最適配分によって人々に幸福をもたらすという大きなテーマがあります。工学の場合なら、いかにして科学の知見を技術に転用・実用化するか、理学であれば物質や自然や生命の成り立ちがどうなっているのかという大命題があります。法学なら、国家と個人との関係をどう規定し、国家から個人をどう守るかという主題があります。私の専門とする教育学の場合は、どのような方法や条件のもとで学習効果は高まるのかという主題があります。**そもそもなぜその学問分野は生まれ、人類にどのような貢献をしてきたのかを考えてみるとおもしろいですよ。**

大学生向けに各専門分野の主題、論点、重要文献などをわかりやすく紹介している本はたくさんあります。見極めてほしいのは、自分が入学前に選択した専門分野について、本当に興味をもてるかどうかということです。1年生の段階は共通科目や教養系の科目が多いですが、同時に専門分野の導入的な科目を受講する機会があるはずです。まずは1年間、辛抱して専門の基礎を学んでみましょう。どうしても興味をもてないときは、学習相談窓口や学習サポーター、あるいは担任教員に相談するとよいでしょう。それでも決心が変わらない場合は、転学部という方法もあります。多くの学部では2年次編入、3年次編入などの制度があります。つまり、いくらでもやり直しはできるのです。

話はそれますが、大学の学問分野のことをほとんど知らない高校生の段階で、大学入学後の学部を選択させる今の日本の大学の方式は、私は本質的に間違っていると思っています。一般的なイメージだけで学部を選択して後悔するケースもあるでしょうし、大学教員の側も自助努力して、自分の分野に優秀な学生を確保しようとする意欲が高まりません。原則論でいえば、入学してからさまざまな授業を履修していくプロセスを通じて、学生自身が専門分野を選択できるようにするべきでしょう。現に、外国にはそういうやり方をとっている大学はたくさんあります。しかし、日本の現状はそうなっていません。大学教員の一人として、まずはあなたにお詫びしなければなりません。

# キャンパスを探索してみよう

**あ**なたが入学した大学はどんな理念・目標をもっているのでしょう。新入生のあなたにとって、あまり考えたこともないかもしれませんが、**大学にはそれぞれ独自に定めたミッション（使命）や建学の精神があります。**多くの場合、それらは教育方針やカリキュラムの形に体現されています。大学のタイプによって得意な部分はそれぞれ異なります。総合大学がもつ多様性・学際性、単科大学の専門性の深さ、街と一体化した都市型大学の魅力、広大な敷地と自然に恵まれた郊外型大学のよさ。当代一流の研究者がそろった研究重視型大学、きめ細かな指導が持ち味の教育重視型大学。あなたの大学にはどのような特徴があるでしょうか。

大学の理念や目標は、パンフレットやウェブページに詳細に書かれているはずです。「ディプロマ・ポリシー」というのを調べてみてください。これは各大学の学位授与方針を意味します。これに基づいて入試やカリキュラムが設計されています。せっかく入学したのだから、自分の大学の強みを理解して、それを活用するのが得策です。優れた研究活動を誇りとする大学なのか、学生の面倒見がよいことが特徴なのか、あるいは資格取得や就職に強みを発揮している大学なのか、地域社会との連携が得意なのか。

大学の魅力を発見するもう一つの方法をお教えしましょう。**キャンパスを隅から隅まで探索してみることです。**新入生のあなたがふだん使う機会が多いのは、教養教育や基礎教育を受ける校舎、自分の学部の校舎、学生食堂や生協あたりでしょうか。キャンパスのなかでいつも決まった場所しか行かないという学生はけっこう多いようですが、大学にはいろいろな施設があります。教員の研究室や実験室、図書館、博物館、国際交流ラウンジ、学生支援や就職支援のためのセンター、クラブハウスやスポーツ施設もあります。宗教系の大学ならば礼拝堂などもあります。自分の五感を総動員して大学を探索し、キャンパスに集うさまざまな人の表情を観察してみましょう。

わからないことや困ったことがあれば、職員に尋ねてみてください。ほとんどの大学には学生相談室や相談センターが設けられており、臨床心理士などの専門家が無料で相談にのってくれます。最近では、上級生による新入生サポートデスクなどを設ける大学も増えています。**入学してみて、自分の大学を好きになれるかどうかはとても重要なことです。好きになれれば、愛着や誇りも自然にわいてきますし、そこで学んでみたいという意欲も自然に高まることでしょう。**せっかく縁あって入学した大学なのだから、できるだけ好きになれる部分を見つける努力をしてみましょう。

Tips

# 03

# 大学のカリキュラム構造を知ろう

**大**学のカリキュラムの構造や履修方法は複雑で、何をどう選択してよいのかわからないという人は少なくないでしょう。実は、**大学のカリキュラムにはおおよその体系があるのです**。それをご紹介しましょう。

　入学当初は、大学生活への適応を目的としたオリエンテーション科目や、高校の学習内容を復習するための補習科目（数学、物理など）などから始まります。これらに加えて、言語科目、特定の専門分野に依存しない教養的・学際的な科目などがあります。これらは全学規模で提供されることが多いので、他学部の学生と机を並べることも珍しくありません。同時に、自分の学部の専門教育の土台となる基礎的・導入的な科目が始まります。やがて、2年生、3年生になるにつれて、自分の学部の専門に関する授業が増えていきます。卒業後の進路について考えるキャリア教育などもあります。4年生になると、文系ならゼミに所属して卒業論文を書いたり、理系なら研究室に所属して卒業研究に取り組んだりする場面が多くなるでしょう。

　つまり、**入学当初はさまざまな分野の授業を履修し、だんだんと専門的な内容に絞りこまれていくのが大学のカリキュラムの特徴です**。初めから必修になっている科目もあれば、選択できる科目もあります。大人数の講義もあれば、少人数制のセミナーもあります。実験・実習など、自分の手と足を動かして参加する授業もあります。つまり、大学の授業は高校までの授業と比べると、選択の余地が大きいだけでなく、内容も多様性に富んでいます。

　それでは実際に、どんな授業を選択したらよいでしょうか。多くの大学ではシラバスをオンライン上に公開しています。シラバスとは授業計画のことです。これを見ると、授業の目的・ねらい、履修条件、授業内容、成績評価の基準と方法、教科書、参考書、注意事項などについて知ることができます。まずは、シラバスを読んで、あなた自身の知的好奇心がかき立てられるような授業があれば、ぜひその授業を受講することをお勧めします。

　また、進学先の学部とは直接関係のない科目も、1〜2年生のうちにぜひ積極的に受講してみてください。たとえば、工学部の学生が芸術の授業を履修すること、法学部の学生が農業経済の基礎について学ぶことが大学では可能です。単科大学であっても、さまざまな分野の教員がいます。この総合性こそ大学が専門学校と大きく異なる点です。とくに低年次のカリキュラムは、幅広い学問分野に接することによって、広い視野で物事を考える機会を提供しています。

# むやみにたくさんの授業を履修しない

大学ではむやみに多くの授業をとりすぎないように注意しましょう。1年生のときに、高校時代と同じようにびっしりと時間割を埋めている学生をよく目にしますが、これはお勧めできません。できれば、いくつか空きコマをつくっておきましょう。その時間に予習・復習したり、図書館や生協の書店に行って必要な文献をチェックしたり、教員の研究室を訪ねたり、わからない練習問題について友人に相談したり、キャンパスを散策して気分転換することができるからです。むやみに授業を詰め込んでしまうと、学習内容を消化しきれなくなり、ストレスを抱えることになりかねません。大学の時間割作成のコツは、うまくすき間をつくることです。

大学での授業履修とは、指定された単位をコツコツと積み重ねていくことを意味します。しかし、単位をどうやってそろえるかというテクニックだけで授業を履修するのは、本当にもったいないです。そんなテクニックをいくら磨いても、卒業後に何の役にも立ちません。**単位をとることは大学を卒業するために必要なことですが、それ自体が目的ではありません。**本当に大事なことは、授業を通してあなたの知識、技術、態度、価値観、感性を磨くことです。そして学ぶことのおもしろさを体感することにあります。

大学の単位がどのようにつくられているのか、ちょっとだけ紹介しましょう。1単位というのは45時間分の学習をしたという意味です。2単位だと90時間。多くの大学で採用している2学期制の場合、1学期に1コマ90分の授業を履修すると2単位になります。これは90時間分の学習量に相当します。このうち、30時間が授業時間に相当します（1回90分を2時間とみなし、15回あるので2×15＝30時間）。残りの60時間は授業時間外の学習時間を意味します。1回の授業につき、4時間分の予習・復習が必要になるという前提なのです（『大学設置基準』第21条）。現実にはかなり無理のあるルールなのですが。

日本中の大学のカリキュラムはこの前提に基づいて設計されていますので、それぞれの授業で随時、授業時間外に行う課題が出されます。大学の授業は教員の話を一方的に聞いていればいいのだと思っている人がいるかもしれませんが、それは誤解です。課題は多いし、学習内容ははるかに高度になります。大学生は大人として扱われますので、教員が手取り足取り教えてくれるわけではありません。むしろ大学教育には塾がありませんので、自分から主体的に学習しないとついていけなくなります。むやみにたくさんの授業をとらず、履修した授業には十分な学習時間を投入できるようにすることが望ましいし、安全だといえます。

# 授業ごとに異なるルールを確認しよう

**大**学で初めて授業を受けるときは、高校との違いに誰でも最初は戸惑うものです。授業時間はとても長いし、教室も大きい。一部の科目を除けば、同じ授業は週1回しかありません。高校の多くの授業では同じ教室に教員が入れ替わり入ってくるのに対し、大学では学生のほうが授業ごとに移動します。座席も自由です。授業ごとに受講する顔ぶれは変わります。しかも、同級生は何百人、何千人という大集団です。こういう環境のなかで、あなたは時として一人ぼっちになったかのような孤独感を感じることがあるかもしれません。しかし、そう感じているのはあなただけではありませんので、安心してください。誰もが最初はそうなのです。

大学で授業を受けるうえで肝心なことは、多様な授業スタイルに慣れること、授業ごとに異なるルールを知ること、積極的に授業に参加することです。これらのことに気をつければ、最初は戸惑うかもしれませんが、だんだんと大学の授業に慣れていくことでしょう。大学では、授業のルールの大部分は担当教員が決めています。基本的なことはもちろん共通です。当たり前のことですが、カンニングをしてはいけないし、勝手に私語をすることは好ましくありません。最近ではPCを持参することが前提となっている授業も増えています。

大学では「学問の自由」を保障されている代わりに、大人として他者の人格や学習活動を尊重することが求められます。また、実験や実習などの授業では、安全や倫理に関するルールが事前に説明されます。事故を起こさないために、こうしたルールを把握することが大事です。

**高校までと異なるのは、大学では授業によって細かなルールが異なるということです。**個別ルールには、たとえば次のようなものがあります。

- 何回欠席すると失格になるのか
- やむを得ない理由で授業に出られないとき（災害、急病、忌引など）はどのような扱いになるのか
- 試験のときに教科書・ノート・辞書類をもち込んでよいかどうか
- 成績評価の方法は試験なのか、レポートなのか、平常点によるのか
- 飲み物（ペットボトルなど）を教室にもち込んでよいかどうか

これらの点については、各授業のシラバスを確認してください。あるいは、最初の授業のときに教員から説明があると思いますので、聞き漏らさないように注意してください。

# 個別最適化は自力でやろう

**新**型コロナウイルスの沈静化に伴って、2022年あたりからようやく対面型の授業が復活しましたが、その一方でオンライン授業は今でも残っています。学習者にとってのメリットや効果を期待できる場合は、オンライン授業は今後もむしろ奨励されるでしょう。対面型授業とオンライン授業のどちらが優れているかという二分法的な議論は意味がなく、ケースバイケースです。これからの大学の開講形態は学習目的に応じて多様化することになりそうです。

たとえば、遠方から非常勤講師を実際に大学に招いて開講していた集中講義などは、リアルタイム型のオンライン授業を導入することで、講師の移動時間や交通費を節約できるようになりました。これによって、多彩な集中講義を実現できるようになりました。また、基礎知識を反復学習するような科目では、オンデマンド型授業を実現することによって、学生個々の理解度に応じて何度でも繰り返し学ぶことができるようになりました。

個々の学生によって学習の志向性や個人差は大きいので、現在の大学教育では「個別最適化」をどう実現するかが問われています。ただし、「個別最適学習」には落とし穴があります。この考え方は、開講形態が多様化するなかで、大学は学生個人に最適な選択肢を提供できるはずだ、学生側はこれらを適切に選択できるはずだという前提に成り立っています。しかし、現実はそう簡単ではありません。オンデマンド授業はいくらでも怠けることができます。あるいは、自宅や下宿でオンライン授業を受講すると半ばラジオ状態になってしまい、注意が散漫になる恐れもあります。そもそも、対面授業であれオンライン授業であれ、教員に直接質問しにくい点では五十歩百歩かもしれませんが。

**「個別最適化」は与えられるものではなく、学習者が自分のなかで調整しながら感触をつかんでいくものです。**いろいろと選択肢が増えるなかで、どれが自分に適した選択なのか、どれが苦手な学習方法なのかを自覚し、試行錯誤することが求められています。選択肢が多いほど判断は難しいのです。ビュッフェ形式の食堂では、定食メニューと異なり、自分で栄養バランスを考えながら選択する必要があるのと同じです。取捨選択するのは自分であって、誰かが最適メニューを与えてくれるわけではありませんので。

# 教員と顔なじみになろう

**も**し特定の授業について関心をもったら、関連する情報を自分で調べてみましょう。たとえば、授業中に教員が紹介した参考文献や資料を図書館に行って探すことができます。あるいは、授業に関連する新書を買って読んでみましょう。図書館の検索システムOPACを使えば、興味をもった教員の著書や論文を入手することができます。インターネット上には教員の研究活動に関するさまざまな情報が掲載されています。

授業でわからないことがあったら、教員や授業アシスタント（学部生や大学院生が担当するティーチング・アシスタントやステューデント・アシスタントのこと）に尋ねてみましょう。大勢の学生が受講している講義のなかで一人手を挙げて質問するのは、なかなか勇気の要ることかもしれません。教員から「何か質問がありませんか」といわれたとき、本当はいろいろ聞きたいことがあるのに、シーンとした空気のなかでお互い無言で牽制してしまい、手を挙げられなかった経験は誰でも一度や二度はあるでしょう。

**でもあなたが手を挙げて質問することで、同じ疑問をもっている何人かの受講生が救われるのです。**質問は人前で話すためのトレーニングだと思って、チャレンジしてみてください。初歩的な質問でもいいのです。授業で学んだ内容について疑問点を探したり、教員に対して質問を用意したりすることは、自発的な学習を進めるきっかけになります。

それでも問題が解決しないときは、教員の都合のよい時間帯を聞いて、あらためて研究室を訪問するのもよいでしょう。教員の研究室を訪問する際は、必ず事前に約束を取りつけてください。非常勤講師の場合は、授業の前後に直接コンタクトをとるほうがよいでしょう。教員の研究室を訪問するときは、①事前に十分な学習をしておく、②面談の目的をはっきりさせる、③学習活動以外の私的事項の相談については別の機関（学生相談など）を利用する、④成績評定などについての陳情・ゴリ押しをしない（正式な異議申し立ての方法は大学によって決められています）、などに留意してください。

授業アシスタント（以下、TA）が配置されている授業では、彼らを大いに有効活用しましょう。TAはたいていの場合、授業担当教員の専門に近い研究をしている大学院生あるいは学部の上級生です。**教員に対しては質問しづらい初歩的なことでも、上級生になら気軽に聞くことができると思います。**また、TAと話す機会は将来への動機づけのうえで、とても貴重な経験になるでしょう。研究室配属のことや就職活動に関する情報などを教えてくれるかもしれません。TAと顔なじみになったら、その授業はあなたにとって、とても身近な存在になるでしょう。

# ノートをとることは思考の整理になる

**授**業のノートをとることなんて楽勝だ、と思っているかもしれません。しかし油断しないでください。大学の授業でのノート作成には、高校までとは異なった難しさがあります。それは、次のような理由からです。

・ 授業で扱う内容が格段に難しくなる
・ 大学教員はていねいに板書してくれるとはかぎらない。大事なことはしばしば口頭のみで語られる
・ 教科書を使うかどうか、どのように用いるかも教員によって異なる
・ パワーポイントの資料をもらうと、それだけで安心してしまいがち

　なぜ大学の教員はていねいに板書してくれないのかと思うかもしれませんね。でも、これは大学だけではなく実社会においても同じです。新聞記者がインタビューするとき、相手はきれいにメモをまとめやすいように順序立てて話してくれるでしょうか。医師がお年寄りの患者から症状を聞き取る場合に、患者さんは理路整然とあなたがメモをとりやすいように話してくれるでしょうか。

　残念ながら、相手はつねに自分の理解度に合わせて、ていねいに説明してくれるとはかぎりません。自分の理解を促し、思考を整理するためには、ノートやメモをとることが大事です。そうしないとすぐに忘れてしまうからです。大事なことは「自分にとって役に立つノート」であるということです。役に立つということは次のことを意味します。

・ ノートをとることが思考の整理になる
・ 読み返すことで、忘れかけていた記憶を再現・整理できる
・ 理解できていない箇所を確認することができる
・ その後の学習の手がかりになる

　まずは授業ごとにノートを用意して、教室に入ったら机の上にノートを出しましょう。他人のノートをあてにせずに、自分でノートやメモをとりましょう。他人のノートをあてにすると、横着になって自分でノートをとる習慣がつかなくなってしまうので、長い目で見ると逆効果です。また、他人によって記録されたノートは、他者の思考プロセスに基づいて整理されているので、あなたにとって理解しやすいとはかぎりません。タブレットのメモ機能でもいいので、自分で工夫して書いてみましょう。

# 教員が言いたいことをキャッチしよう

**大**学の授業でノートをとる際は、まずは教員が受講生に伝えたいことを正確に書き留めることが大事です。一般的に、教員が強調したい内容を表現するときには、ていねいに板書する、図示する、大きな声で話す、ゆっくり話す、繰り返し話す、事例を挙げる、重要だと考える理由を挙げる、学生に説明させる、などの方法をとることが多いようです。**教員が1回の授業で伝えたいメッセージはせいぜい二つか三つ程度なのです。それらを見落とさずにキャッチできるかどうかが大事です。**

教員によっては資料をたくさん配信する人もいますが、それだけで満足してしまわないように注意しましょう。自分の頭を働かせてメモしておかないと、後で資料を読み返しても、何が重要なのか思い出せなくなってしまいます。また、授業中に動画や画像を映す教員もいますが、この場合も、観る側は何となく納得した気になってしまうものです。**メモをとっておかないと何も記録が残らず、何のことやらわからなくなってしまいます。**教員が参考資料や情報を紹介したら、忘れないうちにメモして、必要な情報をダウンロードして保存しておくとよいでしょう。

理系の学生の場合は実験の授業があります。実験記録としてつける実験ノートは、講義ノートとは違う意味をもっています。**実験ノートには、手順、観察対象、測定データなどを、正確に、そしてすべて記録することが求められます。**結果がうまく出ないときでも、その内容をきちんと記録に残さなければなりません。実験ノートは発見や発明を裏づける証拠資料となるものだからです。試行錯誤の過程をきちんと実験ノートに書く習慣をつけましょう。1年生のうちにこの習慣を身につけておくと、研究室に配属されてから、あるいは、卒業後に研究や開発の仕事をするようになってから、大いに役に立ちます。また、実験の測定値は必ずしも教科書通りになるとはかぎりません。誤差が出るのは自然なことです。許容範囲内の誤差か、それともどこかで手順を間違えたのか、グループでよく話し合ってみましょう。

識者のなかには、人の話を聞く際にはメモをとるべきではないという人もいます。メモをとる行為は機械的な作業なので、そこに気をとられて話を集中して聴くことができないという理由です。それも一理あります。自分の頭のなかのハードディスクに確実に保存できるなら、そもそもノートなど要らないのです。しかし、よほどの人でないかぎり、それは至難の業です。忘れないために各自で何らかの工夫が必要です。

# ノートには自分の印象を添えておこう

**教**員の説明を書き留める際には、あなたがどのように考え・感じたかをメモしておきましょう。後から読み返したときに、「何がわからないのかがわからない」という状況にならないように、その時点での感想・理解度を自分の言葉で添えておくとよいでしょう。落書きやイラストでもかまいません。**授業で説明される内容を機械的に記録するだけでなく、あなた自身がそれをどう受け止めたのかをメモしておくことが大事です。**たとえば下記のように。

・教員の意見に賛同する場合
　…なるほど、すごい、おもしろい、など
・納得できない、疑問を感じる場合
　…どうして、ホントにそうか、など

　また、自分で発展的な学習を行うための手がかりを記しておきましょう。これは、理解が十分でない部分を補完する意味でも、興味を抱いた部分を掘り下げて学ぶという意味でも大事です。授業で取り組んだ練習問題などは、どこが十分にできなかったのかを記録しておくとよいでしょう。作成したノートを振り返るのは、試験前やレポート作成時など、時間が非常にかぎられた状況であることが多いと思います。すぐに対策を立てようと思っても、

手がかりがないと時間オーバーになってしまいます。ふだんから、こうした手がかりをノートに残しておくとよいでしょう。たとえば、

・あとで○○を調べること！
・プリントをチェック！
・ここはあとで練習問題○○ページにトライする！
・何を言っているのかさっぱりわからん！　友だちに聞くべし！
・こんなところがなんで重要なんだろう？

　これらを実践したとき、あなたのノートは単なる授業記録としてだけではなく、より発展的な学習のためのアイデア集になることでしょう。**大事なことは、後から読み直したときに自分がわかるようにしておくことです。**機械的に板書をメモしているだけだと、何のことかわからなくなる恐れがあります。何度も繰り返しますが、大人の社会ではあなたがわかるまでていねいに説明してくれるわけではありません。「わかるまで説明してくれないほうが悪い」という論理は正論ですが、実際にはなかなか通用しないのです。大学の授業は、社会の不条理に慣れるという意味でも、格好の予行演習の機会かもしれません。

# 予習・復習は「速く」よりも「早く」

**授**業の予習課題は面倒だと思っても早めにこなしましょう。そのほうが気分的にも楽です。課題をやるのを先延ばしすると、どうしても授業がだんだんおっくうになってきます。また、直前になってからあわてて片づけようとすると学習が雑になります。鉄は熱いうちに打ちましょう。

実験や実習の予習では、まず、作業手順を確認してください。実際の様子を想像しながら、テキストを読んでみましょう。「実験台の上に何をどう並べたら実験が進めやすいか」「実習中に必要なものをさっと取り出せるようにするにはどうしたらいいか」など、具体的にイメージするのです。また、「なぜテキストに書かれているような手順になっているのか」「違う手順や条件で実験したらどうなるか」など、いろいろと思いを巡らしてみると、実験や実習の内容を、より深く理解できるでしょう。

**復習は授業の記憶が残っているうちに、早めに行うのが効果的です**。最も効果的な学習方法は、授業が終わってあまり時間が経たないうちに、出された課題やよく理解できなかった内容に取り組むことです。人間の記憶はあっという間に薄れていきます。試験の直前にノートを見直すという方法は、すでにかなり記憶が怪しくなっている時点で振り返るという意味で、

あまり効果的ではありません。わからないところはできるだけ早いうちにチェックしておきましょう。

自発的に課題を見つけて取り組むと、授業を受けるのが楽しくなります。たとえば、教員が紹介した参考文献を図書館で調べてみると、いろいろな本を発見できるはずです。そのうち、最も読みやすそうな本からトライしてみませんか。また、現代の社会や科学技術について、あなたが今受けている授業がどういうメッセージを発信しているかについて考えることは、授業に対する関心を高め、あなた自身の学習意欲を高めることにもつながります。各授業のLMS（学修支援システム）には、関連する各種情報や他の参考サイトが紹介されていることもありますので、ぜひチェックしてみてください。

予習も復習も早く取りかかるのがよいといいましたが、それには理由があります。遅れて取りかかると限られた残り時間で作業をスピードアップせざるを得ないのですが、高度な内容を高速で処理することは難しいし、スピードアップにも限界があるからです。気持ちも焦ってしまいます。**「速く」やるよりも「早く」やるほうが長い目で見ると合理的かつ効果的なのです**。

# 学習した記録を残しておこう

**大**学で**学習した記録は、できるかぎり手元に残しておきましょう。**教科書、ノート、レポートなどの提出課題、ゼミでの発表資料、自分で調査した資料、取り組んだ練習問題など、さまざまな種類の学習記録が残っているはずです。これらを整理・保存しておきましょう。安易に捨ててはいけません。資料は整理ボックスなどにまとめ、提出課題などはパソコンのハードディスクやクラウドに整理しておくといいでしょう。機械は不意に故障するので、バックアップをとっておきましょう。

こうして集めた学習記録のことを「ポートフォリオ」といいます。ポートフォリオとはもともと、芸術家が作品を持ち運ぶために用いた挟みカバンのことでしたが、今日ではビジネス、芸術、医療、教育など諸分野における活動記録の意味で用いられています。ポートフォリオをつくっておくメリットは、自分が学んだ内容をいつでも振り返ることができるということです。授業が終了したからといって、教科書や参考書を古本屋にさっさと売り払ったりしないようにしましょう。大学を卒業したあともしばらくキープしておいてください。

学習効果を高めるには、学習した内容を振り返る習慣づけが鍵となります。基礎を理解していないと、応用的な授業を受けるときに苦労することになります。英語を苦手なままにしておくと、専門の授業で英語の専門用語や文献を理解することができなくなってしまいます。また、経済学や心理学を学ぼうとする人が、文系であるからという理由で数学をわからないままにしておくと、悲惨なことになります。

学習内容を振り返る方法には、次のようなものがあります。

- ・課題の提出前には入念に推敲や見直しを行う
- ・教員から試験やレポート、課題のコメントが返されたときは、よかった点と悪かった点を振り返る
- ・できなかった問題の解答を直後に確認し、反復練習する
- ・提出したレポートの控えをとっておき、振り返ることができるように整理しておく
- ・受講した授業の学習目標が達成できたかどうかを学期末に振り返る
- ・学期末に授業評価アンケートに回答する際に、学習内容を振り返る

**学習の質を高める最良の方法は、学習の過程をきちんと記録して、できないところを早めにチェックして、必要に応じて反復練習することです。「なぜできなかったのか」を振り返って考えてみましょう。**

# 仲間から学ぼう

**大**学では学生同士で学び合うことが重要な意味をもちます。困難な課題であっても、仲間と励まし合いながら学ぶことによって、途中でくじけずにすみます。仲間の意見を聞くことによって、自分の考えを見直したり、発展させたりすることもできます。自分の学習プロセスを他者にチェックしてもらうことは、ミスを少なくし、学習方法の改善にもつながります。

セミナーや実験・演習系の授業では、グループでの作業が多く取り入れられています。グループ作業には、ディスカッション、プレゼンテーションやディベート資料の作成、実験作業の分担、フィールドワーク、社会調査などいろいろあります。こうした活動に積極的に参加して、他の学生と交わり、意見交換してみましょう。意見交換することは、他者の意見と自分の意見の違いを認識するということでもあります。

実験や実習では、複数の人が一つの現象を一緒に確認することが大事です。チームを編成するのは、誰かがサボってもいいという意味ではありません。お互いから学び合うことに意義があるのです。グループ内で、うまく作業を分担しましょう。お互いがどんな作業をしたのかをきちんと理解・共有しましょう。他の人のやり方から学び、他のグループが先生やアシスタントに質問しているときには耳を傾けてみましょう。

記憶に関する研究によると、受け身で学んだ内容の定着率はごくわずかだそうです。最も学習効果が高いのは、学んだ内容を人に教えること、および自分で身体を使って実践することだといわれています。つまり、聞いただけの内容の大部分は忘れてしまうが、手足や口や五感を総動員して獲得した内容は定着率が高いということです。

というわけで、授業で学んだことを周りの仲間と共有してみませんか。もしあなたが特定の問題について深く掘り下げて勉強してみたいと思ったら、気心の知れた友人と勉強会をつくるとよいでしょう。**勉強会や研究会のメリットは、自分一人ではどこから手をつけてよいかわからないような問題であっても、議論するうちに、突破口が見つかるかもしれないことです。一人だったらくじけてしまう内容でも、励まし合って知恵を出し合うことできっかけをつかめるかもしれません。**尊敬できる友人を一人でも見つけることができたら、あなたの大学時代はまったく違ったものになるでしょう。

## 変わった仮説を立ててみよう

**授**業レポートで「○○について論じよ」といわれて困った経験はありませんか。そんな漠然とした問題を高校時代まで出された経験がないので、どう対処してよいかわからないという人も多いでしょう。そもそも「論じる」とはどういうことなのでしょうか。解を見つけるということなのでしょうか。

社会問題や学問上の課題には、さまざまな立場があり、その立場によって見解も異なります。高校時代までの教科書のように確実な解が存在するとはかぎりません。解を見つけるという行為は、解が存在するという前提に立っています。だから、解が存在するかどうかもわからない場合は、そもそもその課題が本当に成立するのかどうか、検討するに足る課題なのかどうかを検証しなければならないのです。

ちょっと抽象的な言い方をしましたが、「論じる」という行為を単純化して言えば、「問い」を立て、それを展開し、展開した問いについて自分なりに考察することで

す。「論じる」とは「なぜ」という疑問をさまざまな角度から投げかけることなのです。たとえば、「生成AI（人工知能）についてその是非を論じよ」というレポート課題が出されたとしましょう。あなたならまずどこから手をつけますか。ウィキペディアなどを使って事実関係を調べようとする学生が多いかもしれませんね。図書館で関連する文献を検索する人もいるでしょう。しかし、それだけでレポートを書いてしまうと、断片的な情報をつなぎ合わせただけで終わってしまいます。そういうレポートは、採点する側にも工夫が感じられず、おもしろくないのです。

そこで提案ですが、基本的な情報を集めたら、考えられる問題点をノートに書き出してみませんか。たとえば、「なぜ」「いつ」「どうやって」「どこで」「だれが」「なにを」「どのくらい」「いくら」など、いろいろな疑問詞を使ってみましょう。生成AIについていえば、次のように論点を展開することができるでしょう。

・生成AIは何のために作られたのか
・生成AIはどうやって開発されたのか
・生成AIは従来の人工知能と何が異なるのか
・生成AIに関する世論はどうなっているか
・生成AIの活用に対して、誰が賛成し、誰が反対しているのか
・生成AIの活用にはどのような利害関係者が絡んでいるか
・諸外国では生成AIの活用をめぐる議論はどうなっているのか
・生成AIにはどのような効果を期待できるのか
・生成AIの副作用、予想される弊害は何か
・生成AIは人類の未来にどのような影響を与えるだろうか

　いかがですか。なかなかおもしろいでしょう。今度は、こうやって展開したそれぞれの問いについて、自分なりの意見を書き出してみるのです。たとえば上記の問いのいくつかについて、私なりに推測してみます。

・生成AIに関する世論はどうなっているか
　→ 若者は学業における課題作成などに活用したいと考える可能性が高い。他方、サービス業に従事する割合が男性よりも相対的に高い女性は、生成AIによる業務効率化によって雇用が不安定化することを懸念する可能性が高い。

・諸外国では生成AIの活用をめぐる議論はどうなっているのか
　→ 労働者の権利意識が強い先進国ほど、生成AIに対する警戒感が強い。反面、第三次産業が未成熟な発展途上国では、経営効率を高めるために生成AIをハイリスク・ハイリターンの姿勢で導入したいと考える企業経営者が多い。

・生成AIの副作用、予想される弊害は何か
　→ 誰が書いたものか判別しにくくなり、著作権に対する意識が低下する。
　→ 生成AIによる標準的な回答だけでは顧客の要求水準を満たせなくなる（学

校の試験や顧客の要求水準が上がる）。

こうして書き出した自分なりの回答はいわゆる仮説とよばれるものです。「たぶんこうじゃないかな」というレベルの推測的意見ですね。これが本当に正しいかどうかを実際に調べていくわけです。仮説を検証するためにどんな方法が適切かを考えましょう。検証する過程で、「生成AIによって定型業務を効率化できる一方で、均質的なサービスの価値は低下し、より深い思考や逆説的なアイデアが社会全体から要求されるようになる」とか、「若者には生成AIの活用リスクを伝え、高齢者には可能性を訴えるアプローチが社会全体の生産性を上げる」などの切り口が見えてきます。

さて、ふだん学生の発表を聞いていると、仮説がごく常識的で、いわば「当たり前」のメッセージになっていることが珍しくありません。私の教員経験からすると、たいていその理由は、①仮説とは何かをよく知らない（仮説とは本質的に逆説的な要素を含むものだということを知らない）、②逆説的な仮説を思いつかない、③何かしら逆説的な仮説を思いついたが、実証する自信がないので当たり障りのない仮説でお茶を濁した、のいずれかです。

みんなが知っている当たり前の仮説ならば、それは暗黙の常識（通説）になっているので、わざわざ実証する意味はありません。天動説にせよ、進化論にせよ、それまでの通説をひっくり返してきたのが科学の進歩の歴史でした。たとえば、女性の方が男性よりも平均寿命が長いこと誰でも知っていることなので、あらためて実証する必要はありません。しかし、男性の方が女性よりも平均寿命が長い地域があれば、ぜひその要因を解明する必要があるでしょう。

大事なことは、無難なレポートや卒業論文を作成して**無難な合格点をとることではなく、ちょっと勇気を出して、挑戦的な仮説を立てて、自分なりに探求し、大学生活を有意義なものにすることです**。多少は荒削りでもかまわないのです。

# 人に読んでもらえる日本語を書こう

**大**学で書く課題が出されたときに最も大事なことは、「人に読んでもらえる日本語で書く」ということです。当たり前じゃないかと思うかもしれません。でも、意外に難しいのです。日本人だから日本語がちゃんと書けるとはかぎりません。たとえば、親しい友人と会話するときの言葉づかいと、第三者に読んでもらうことを意図した文章は同じではありませんよね。不特定多数の人に読んでもらう文章には、一定の基準とマナーがあります。逆にいえば、これらを把握しておけば、文章を書くことに悩む心配は要りません。

第一は、**第三者に読んでもらう文章には一定の論理が必要だということ**です。不特定多数の人に読まれることを想定している文章は、何について書くのか、何を言いたいのか、なぜそう言えるのかが明晰でなければなりません。基本的には、目的、方法、結論の三要素が明示されていることが大事です。目的とは、どんな背景や動機からその文章を書きたいのか、何を明らかにしたいのかということです。方法は、目的を明らかにするためにどんな具体的手段をとるのか、実際にどのようなプロセスを踏んだのかということです。結論は、さまざまな実験や考察の結果、どのような結果が得られたのか、そこから何が言えるのか、どんな課題が残されたのかということです。これらの三要素を表現するために、文章全体の構成を考えます。そして全体をいくつかの段落に分けて、各段落で伝えるメッセージを一つに絞り込んでいきます。読み手が理解しやすいように、大事なメッセージを段落の最初に書いてください。

第二は、**シンプルでわかりやすい日本語文章を書くこと**です。大学で求められる文章には、凝った文章表現や含蓄のある言い回しは必要ありません。さまざまな解釈が可能な表現は文学作品では重要な要素かもしれませんが、学術の世界では誰が読んでも一通りに読めることが大事です。そのためのコツは、読点（、）を最小限にして一つの文をできるだけ短くすること、一つの文で言いたいことを一点に絞ること、主語と述語の間に修飾語句をできるだけ挟まないことです。略語や特殊用語を使うときは相手にわかるようにていねいに説明してください。

第三は、**文章の基本マナーを守ること**です。たとえば、文中の個人が特定化できるような場合は、図らずも相手に不利益を与えることがあります。この他、文章のなかに不正確な表現や差別的な表現が用いられていないかどうか、調査対象者のプライバシーは守られているか、特定の人々の感情を害するような記述はないかを確認します。最後に、書いたものを自分で何度も読み直し、修正しましょう。さらに、提出する前に友人や他の受講生にチェックしてもらうとよいでしょう。文章は読み直して修正するほどよくなります。

# 夏休みを有効活用しよう

**大**学生になって最初の夏休み。あなたはどんな予定を立てていますか。受験勉強から解放されて、時間があるという点から、気持ちが浮き立つのも自然なことです。物心ついてから人生で初めて経験する自由時間なのかもしれませんね。大いに満喫してください。

大学教員として新入生を観察していると、夏休みの過ごし方にはお決まりのパターンがあることがわかります。多くの人は自動車の運転免許を取ろうとするようです。それから高校時代の友人との再会を楽しみ、後は黙々とアルバイトに励む。このパターンが典型的です。自由を満喫するのは大いに結構ですが、2カ月間も遊びほうけていると、せっかくこれまで身につけてきた学習の習慣が抜けてしまいます。1週間くらいボーッとするのも悪くないでしょう。しかし、漫然と過ごして時間を無駄にするのはもったいないです。

アルバイトはたしかに生活上、必要かもしれません。アルバイト経験が社会勉強になるという意見も多いです。しかし、私は大学生活がアルバイト一色になってしまうのはよくないことだと思っています。せっかく高い授業料を払って大学生になったのに、アルバイトに多くの時間を費やすのは割に合いません。また、アルバイト業務のほとんどは、誰にでもできる単純作業をマニュアル化したものです。**アルバイト経験をいくら積んでも、高度な知識やスキルを獲得することは容易ではありません**。社会学の調査からも、過度のアルバイトはフリーター化する要因だといわれています。アルバイトは社会経験としては新鮮ですが、あまり長期にわたってのめり込まないように注意したほうがよいでしょう。

それでは夏休みに何をすればよいでしょう。私なら次のことをお勧めします。一つは、たくさんの本を読むことです。時間のかかる文芸大作や専門書にチャレンジしてみてはいかがでしょうか。大学時代にどんな本を読んだらいいかについては、図書館に行けば多くのガイドブックがあります。お気に入りの著者の作品を丸ごと読破するのもいいでしょう。それから、古今東西の名作映画を鑑賞することもお勧めです。今日ではネットで簡単に視聴することができます（ただしスマートフォンの小さい画面で映画を観るのは目が疲れますよ）。

他にも、受験勉強でなまった体を動かして仲間とスポーツで汗を流したり、クラブ活動に参加したりするのもいいでしょう。ともに汗を流して、同じ釜の飯を食べた仲間は、かけがえのない財産になるでしょう。それから、ぶらりと旅をしてみませんか。まだ行ったことのない土地を訪ね、人の情けに触れ、美しい風景を満喫してください。きっと何か新しい発見があるはずです。「旅は道連れ」といいますから、気の合った仲間との珍道中もいいでしょう。

# Chapter 3

# 自ら学ぶ習慣を
# 身につける方法

# 大きな目標を小さく分解しよう

発的に学ぶための最良の方法、それは自分なりの目標を設定することです。甘い誘惑を断ち切り、机に向かう時間を確保しても、自分のなかに明確な学習目標が設定されていなければ、十分な成果は得られないでしょう。あなたにとって実行可能で、継続可能で、自分の意欲をかき立てるような目標を立ててみましょう。まずは、立てた目標を紙に書き出してみましょう。スマートフォンやタブレットのメモ機能を使うと便利です。実行したら、そのプロセスを振り返ってみましょう。

学習目標の立て方には工夫が必要です。あまりにも大きな目標は、逆に取り組む勇気を喪失させます。いきなり山頂を目指すのではなく、達成可能な一里塚を設定してみましょう。つまり、**大きな目標をいくつかの小さな目標に分解するのです**。小さな目標に分割したら、それらを並べてみて、本質的に最も重要なものはどれか、最も緊急性の高いものはどれかを考えてみてください。緊急性の高い項目は、すぐに取りかかる必要があります。重要性の高い項目には、他の活動を犠牲にしてでも、できるだけ多くの時間量を割り当てるほうがいいでしょう。

小目標の優先順位が明らかになったら、それぞれの締切を設定しましょう。そして締切までに課題を達成するための方略・手段を考えてみましょう。学習目標を絵に描いた餅にしないためには、小さな

目標、締切、方略の3点セットが必要です。完璧にやろうとして、無謀な計画を立てないように気をつけましょう。計画を立てたら、それを手帳やカレンダーなど、いつも目にする場所に書き込んでおきましょう。そして、できるだけ早く実行しましょう。せっかく計画を立てたのに、いつまでも実行しないと意気が下がってしまいます。そして随時、学習の進み具合を確認しましょう。

自分で学習目標を立てて実行したら、どのくらい達成できたかを自己評価してみましょう。**自己評価することの意味は、なぜ成功できたのか、あるいは失敗したのかを確認し、同じ失敗を繰り返さないための教訓を得ることです。あるいは、自分なりの「成功の法則」「勝利の方程式」をつくることにあります。**

せっかくですから、大学1年生の夏休みに入る前に、大学入学後の自分の学習内容について振り返ってみましょう。あなたにとって満足のできるものでしたか。それとも不本意でしたか。なぜそう思いますか。自分なりの学習目標は達成できましたか。改善できる点はありますか。自分の思考や行動を振り返り、「そもそも自分はこれでよいのか」と自問自答することを「メタ認知」といいます。メタ認知の能力は自分自身の成長のエンジンになります。大学時代にぜひこの習慣をつけてください。

# 自分の体内リズムをつかもう

毎日の生活は朝型がいいのか、夜型がいいのか、一夜漬けの集中型がいいのか、毎日コンスタントに課題に取り組むのがいいのか、よく学生諸君から聞かれることがあります。とくに下宿生は、高校時代まで朝型だった生活習慣が崩れてしまい、夜中まで活動して朝起きられないという人が少なくないのではないでしょうか。

振り返ってみれば、私自身の大学時代もそうでした。徹夜で試験勉強して、つい寝過ごしてしまい、起きてみたらもう試験が終わっていたという恥ずかしい経験もあります。一般論からいえば、夜早く寝て、朝早起きして、ジョギングでもして、朝食をしっかりとって、コンスタントに学習課題に取り組むのが理想なのでしょう。多くのビジネスマン向けの啓発本にはたいていそう書いてあります。しかし、そんな品行方正なことが誰にでもできるなら苦労はしないわけです。

でも、これだけはいえるでしょう。どんな人にも自分の生活リズムがあります。そして、自分の生活リズムを自覚している人と、そうでない人がいます。**生活リズムをつくる際に大事なのは次の３点だと思います。第一に継続できるかどうか、第二に日常生活に支障をきたさないかどうか、第三に自分自身にとってそのリズムが快適かどうかです。**

どんな形であれ、自分の生活リズムを把握して、それを継続できるかどうかが重要です。学習にしろ、仕事にしろ、すぐに成果を出せるものではありません。どんなことでも、成果は一定の期間継続することによって生まれるものです。要は、自分にとって継続できる生活リズムであるかどうかが大事です。周りの人に迷惑をかけたり、約束をすっぽかしたりすることが重なると、信用を失ってしまうので、日常生活に支障をきたさないことも必要条件です。また、継続するためにはそのリズムが自分にとって快適なものでなければなりません。苦痛を感じるような生活リズムは長続きしないし、ストレスがたまります。快適なリズムなら自然と長続きするでしょう。

朝型だろうが、夜型だろうが、それはあなた次第です。自分にとって快適で、周りに迷惑がかからないのであれば、どんなスタイルでも構わないでしょう。人のリズムに無理に合わせても、調子が狂いますし、思うような成果を出すことはできません。大成する人のなかには徹底したマイペース主義者が少なくありません。あなたにとって快適なリズムはどのようなものか、大学時代にいろいろ試してみて、自分の体に聞いてみるとよいでしょう。でも、加齢とともに、体内リズムは次第に変化していくのでご注意を。

# 起動を早く

大学の定期試験に向けて勉強するとき、レポートを書くとき、クラブ活動の大きな大会に向かってチャレンジするとき、いわゆるここが勝負というときに、あなたはいつもどんな準備をしますか。直前になって、大慌てで一夜漬けする人、一発逆転のヤマをはる人、あるいは地道にコツコツ準備を進める人など、いろいろでしょう。私自身も学生時代はふだん横着しているくせに、試験や締切の直前になるとがぜん張り切って、モグラのように夜型の生活になり、一夜漬けに励んだものです。そんなに焦るなら、ふだんからもうちょっとコツコツやればいいのに、生来の横着者なので、ギリギリになるまで自分のなかのテンションが高まらないのです。

でも実際にやってみると、うまくいくときもありましたが、いろいろな失敗が起きました。一夜漬けの連続で体が夜型に慣れてしまったので、昼間は頭がうまく働きません。また、賭けたヤマが外れてしまうと手も足も出ません。さらに痛感したことは、集中力を高めるといっても、学習効率はそんなに飛躍的に高まらないということです。たしかに、通常では1時間に10の学習ペースなら、集中するときは15くらいに上げることはできるのです。でも、そのペースは長時間維持できないし、どんなにがんばっても50にあげることは不可能だということを実感しました。それから、肝心の本番（試験やレポート提出）が終わると、がんばって詰め込んだ内容はあっという間に雲散霧消してしまいます。これでは、単位をとることはできても、結果的に何も身についていないではないか、いったい何のための勉強をしているのだろう、と虚しくなりました。

そこで、若かりし頃の自分を反面教師にして30歳すぎてから正反対のことを心がけています。それは、「**誰よりも早く物事に着手する**」ということです。初動を早くすると残り時間がたっぷりあるので、焦る必要がありません。じっくり落ち着いて考えることができます。**仕事でも研究でも、一発で最適解を見つけられるほど容易ではありません。まずある程度自分の力でアプローチしておいて、残り時間を使って周りの意見を聞きながら修正していくように**しています。結果的に、そのほうが安定していい結果を出せるになりました。

「速さ」には限界がありますが、「早さ」には限界はありません。あなたが天才ならば究極の「速さ」を追求するのもいいかもしれません。そうでないなら、なるべく「早く」取りかかり、じっくり時間をかけて仕上げていくほうが安全で確実です。自分のスタイルを定着させるには一定の時間がかかりますから、なるたけ若いうちに身につけることをお勧めします。

# スマホはほどほどに

**前**のページで「起動を早く」と書きましたが、そもそも自分のスイッチがどこにあるのか、どうすればスイッチを入れられるかがわからない人も多いのではないでしょうか。

私の大学院ゼミを履修している学生たちにこの質問したところ、彼らはさまざまな工夫をしていることがわかりました。通学時間の長い学生は、電車での往復時間を授業の予習に充てていました。お決まりのコーヒーショップで勉強するという学生もいました。カラオケボックスの個室を借りて勉強するというツワモノもいました。彼らは適度に他人の存在を意識する方が集中できると言っていました。私自身の学生時代は、下宿の前にあったファミリーレストランでよく試験勉強しました。おかわり無料のコーヒーを飲み過ぎて、胃もたれしたことをおぼえています。これらは特定の場所に来たら集中するという習慣づけの例です。

特定の時間帯に集中するというやり方もあります。これも私事で恐縮ですが、20年以上前、ベトナムのハノイで博士論文を書いていたときは、よく夜明けに起きて近所のレーニン公園を散歩しました。お粥やうどんで空腹を満たし、できたての豆乳を飲んで、さらに強烈に苦い緑茶を飲んで頭をスッキリさせてから下宿に戻って机に向かいました。論文がうまく書けなくて焦ることもありましたが、公園を黙々と散歩しているうちにいろいろなアイデアが浮かんでくるのが楽しくて、散歩が日課になったのです。

時代は変わり、昔はなくて今はあるもの、そして現代人が長い時間を費やしているもの、その代表的存在がスマートフォン（以下、スマホ）です。**スマホには中毒性があり、熱中すると時間を浪費してしまうので、どこかで一線を引きましょう。**たとえば、連続して30分以上使わないような自己ルールを決めてどうでしょうか。スマホで動画を見るのは暇つぶしになりますし、それなりにおもしろいのですが、何か新しい発見が生まれるわけではありません。スマホの画面で読める文字量は限られているので、長いまとまった文章を読むには適していません。また、焦点距離が短いので、気づかないうちに目を酷使します。もし一冊の本をスマホだけで読もうとすれば、相当疲れるはずです。

自分にスイッチを入れなければならないときは、楽しいことから始めるのも一つの方法です。苦手なことやしんどいことから始めるのはハードルが高いからです。心理学者のキャロル・ドゥエックによれば、目的意識や学ぶことの意味づけ、自分なりの学び方をもっていることは学習動機にプラスの影響を及ぼすそうです。この説が正しければ、**どうすれば自分がうまくいくかというノウハウを内面化し、言語化し、再現できる人ほど、自身のスイッチを入れることが上手だ**ということになります。自分を励ますことが上手になれば、おのずと成功する可能性も高くなるでしょう。

# あこがれの人を見つけよう

**ど**うやって自分自身の学習意欲を高めたらよいか悩んでいる大学生は少なくないようです。心理学の概念を借用すると、自分自身の学習意欲を高める方法には、外部から意識的に刺激を与えながら習慣づけていく方法と、自分自身の内部にある動機に基づいて意欲を高める方法の2種類があります。前者を「外発的動機づけ」、後者を「内発的動機づけ」といいます。

たとえば、あらかじめ到達目標が外部（たとえば親、学校、教員など）によって設定され、達成されるとごほうびが与えられるようなやり方は外発的な動機づけです。一方、大リーグで大谷翔平選手が投手と打者の二刀流を維持するために必要なトレーニングを自分自身に課しているのは、まさに内発的な動機づけだといえるでしょう。彼は誰からも命令されていないからです。

学習心理学の分野では、学習の習慣づけができていない年少者に対しては外発的な動機づけから始め、次第に自分自身による内発的な動機づけができるように発達することが望ましいという考え方があります。どの分野においても、スーパースターと呼ばれる人が他を圧倒するのは、その高いパフォーマンスだけでなく、人並み外れた学習意欲や自己管理能力、克己心によるところが大きいのでないでしょうか。そうしてみると、大学新入生のみなさんは、外発的な動機づけと内発的な動機づけどちらの経験が多いでしょうか。

自動車の運転免許を取りたい、英会話の能力を高めたいと思うのは内発的な動機によるものですが、単位をとるために仕方なく大学の授業を受講するような場合は外発的動機づけに相当するでしょう。内発的な動機が低い状態で外発的動機づけを行う場合のマイナス面は、学習意欲を長期間にわたって持続できない（報酬目当てになってしまう）、あるいは失敗例を成功に活かすフィードバック効果をあまり期待できないことだといわれています。「人に言われたからやる」よりも「自分がやりたいからやる」ほうが、より高いパフォーマンスを期待できます。

ここで提案したいのは、**あなたが学びたいと思っている分野のなかで「あこがれの人」を見つける**ことです。心理学や経営学ではこれを「ロールモデル」といいます。自分の将来の目標としたいようなビジネスマン、エンジニア、研究者、芸術家などを思い浮かべることはできるでしょうか。その人は、あなたのすぐ身近な人かもしれないし、一度も会ったことのない著名人でもかまいません。目標となるような人物、尊敬できる人物を見つけられたら、その人がどうやって自己研鑽しているのかを調べて、そのノウハウを参考にしてはどうでしょうか。多くの天才は、努力することの天才、創意工夫の達人でもあるからです。

いつかは、あなた自身が若者から目標とされる日が来るかもしれません。人から目標とされるプレッシャーを自分の励みにできたらすばらしいですね。

# 本を読むことがなぜ大事か

**み**なさんは、大学に入学するまでにどんな本を読んできましたか。ひょっとしたら、受験参考書以外にはマンガしか読んだことがないという新入生もいるかもしれませんね。大学で学ぶということは、教科書だけにかぎらず「良書をたくさん読む」ということでもあります。大学時代に本に接する機会を増やし、良書を選ぶ目を養いましょう。

それでは、**なぜ本を読むことが重要なのでしょうか。一言で表現すれば、そこには人類の叡智と苦闘と進歩が凝縮されているからです。**本を読むことによって、先人がどうやって新しい知を開拓していったか、それをどうやって継承させてきたか、そこにはどのような苦労があったのか、を知ることができます。現在の世界秩序はどのように形成されたのか、科学技術の進歩は人間の生活に何をもたらしたのかなど、先人が長年あるいは一生かかって探求してきた課題について、短い時間で効率よく学ぶことができます。他者の考え方を知ることによって、自分の視野を広げ、思考力を高めることができます。

このように、読書にはさまざまな効用があります。本を読むということは、古今東西の偉人・先人からマンツーマンのレッスンを受けるようなものなのです。また、レポートや論文を書くうえでも読書の質と量は大きく影響します。十分なインプットによって耕された頭脳は、柔軟な思考とよく練られたアウトプットをもたらしてくれます。

今日では、インターネットを活用すればさまざまな情報を収集することができます。しかし、読書に関していえば、インターネットでは代替できない部分も多いのです。第一に、ディスプレイ上で長大な文章を読むのは疲れます。とくにスマホの小さな画面は長い文章を読むのに適していません。第二に、インターネットの情報は必ずしも精度が高いとはかぎりません。本の場合は編集者や出版社によって一定のチェックが入っていますので、誰もが自由に発信できるインターネット情報よりも相対的には信頼度が高いといえます。

また、テレビやマンガは画像や音声を通して相手から語りかけてくれますので、あなた自身は頭を働かせなくても簡単に情報を受信できます。これに対して、読書は自分で考えて、頭のなかで活字を咀嚼しないと、その内容を十分に吸収できません。教育学者の齋藤孝氏は、マンガをスナック菓子にたとえています。スナック菓子はおいしいし、ついつい癖になりますが、それだけでは栄養が偏ってしまいます。ちゃんと主食（活字の読書）をとることが基本なのです。**本を読むことはなぜ重要なのか、一言でいえば、読書は自分の頭で考える習慣をつけさせてくれるからです。**

# 新書や古典にチャレンジしよう

**大**学新入生のあなたにお勧めしたいのは、新書を読む習慣をつけることです。新書とは、現代の新しい教養・学識について、その道の専門家がわかりやすく紹介した日本独特の形態の書籍です。そのルーツは1938年に創刊された岩波新書です。文庫本よりも少し縦長で、200ページ程度の分量の本です。一般向けに大量に印刷・出版されるので、学術書に比べると安価（千円程度）で、財布に優しい本でもあります。今日では多くの出版社から刊行されています。カバンに入れて持ち運ぶにも便利で、マスメディアの書評等で取り上げられる話題の本も多いです。こうした点から、大学生が現代社会や科学技術の特定分野について基礎知識を学ぶには格好のツールといえるでしょう。

もう一つお勧めしたいのは、多くの人に読まれて高く評価されている古典を読むことです。古典には二つの意味があります。一つは、古今東西の偉人・哲人・科学者が書いた人類共通の遺産ともいえる文学作品や歴史書などです。大学を卒業して就職すると、誰しも自分の仕事に関連する情報や本を選びがちです。職業的ニーズとはまったく関係のない、純粋に知的関心から読書を楽しむうえで、心のなかに白紙のキャンバスをもった大学時代ほど適した時期はありません。たとえば夏目漱石やシェイクスピアの作品を読むのに、文系とか理系は関係ありません。生きるとはどういうことか、人を愛するとはどういうことかなど、人類普遍の悲哀や喜びが凝縮されています。

もう一つは、それぞれの専門分野において必須となっている研究業績・文献のことです。どの分野にも必ず読んでおくべき本があります。サイエンスの入門書などは、第一人者の手によって数多く書かれています。これらは授業中に教員が紹介してくれるでしょうし、教員に聞けば必ず教えてくれるはずです。古典を読むことによって、それぞれの学問分野がどのように形成され、いくつかの革命的な発見や論争を経て（パラダイム転換といいます）、発展を遂げてきたのかを知ることができます。

大学生として本を読む際には、書いてある内容を正しいこととしてそのまま暗記するのではなく、それを自分なりにどう受け止めるかを考える、つまり「考えながら読む」ということが問われます。たとえば、「この本は世間で話題になっているけど、あまりおもしろくない」「誰も注目していない本だが、僕はここが好き」「これは使える」など。「考えながら読む」トレーニングをするには、本を読んだ後に感想をメモして書いておくとよいでしょう。スマホやタブレットのメモ機能を使うという方法もあります。

# 一人になる時間と空間をつくろう

**本**を読むことの重要性はわかっているけれども、なかなか読む習慣をつけられないという人が少なくないと思います。そういう人には、三つのアプローチをお勧めします。一つ目は、お決まりの時間や場所を決めるという方法です。二つ目は、いつも持ち歩くという方法です。三つ目は、周りの人との読書体験の共有です。

**最初の方法は、自分にとってのお約束の読書パターンをつくるというものです。**あなたはいつもどの時間帯、どの場所で本を読むことが多いですか。私は、新聞や新刊本を読むのは近所のショッピングモールの中にある喫茶店のことが多いです。静かすぎず、うるさすぎず、適度にざわざわしていることが落ち着くのです。読書をするということは一人になる時間をつくるということです。起きている時間の大部分（たとえば通学時間やアルバイトやサークル活動）は他者との関係によって成り立っていますが、本は一人で読むものです。**読書とは、時間と空間を超越して、著者と一対一で向き合う作業なのです。**

本を買うお金がない、という人もいるかもしれません。そういう人は、古本屋に足を運ぶのもいいし、大学の図書館を活用するのもよいでしょう。最近では多くの大学の図書館は夜間や土日も開館するところが増えています。家に帰る前に30分でも図書館に立ち寄ってみたらどうでしょうか。大学以外にも、県や市の公共図書館を利用するのもよいでしょう。雑誌を読む

つもりで気軽に立ち寄ればよいのです。

**二つ目の方法として、つねに1〜2冊の文庫本や新書を通学カバンに入れておくのも効果的です。**電子書籍でもかまいません。本を携帯することによって、電車のなかや乗り換え時間にも活字に触れることができます。まずは、「どこでも読める」環境をつくることです。いつもカバンに本をもち歩き、さらに決まった場所（自宅など）でも読む習慣がついたら、つぎは複数の本を同時進行で読んでみませんか。たとえば、自宅では厚くて専門的な本、通学途上では気軽に読める新書や文庫など。こうすると、本を読むペースが格段に上がり、学習や研究に必要な読書と個人的関心による読書を使い分けることができるようになります。

**三つ目の方法は、読書体験を人と共有するということです。**読書自体は一人で行う行為ですが、どんな本を選べばよいか、どのように感じたかなど、他者と共有できる要素はいろいろあります。「蓼食う虫も好き好き」といいますが、まだ人生経験の少ない大学生にとって、教員、先輩、家族、仲間があなたに推薦してくれる本は相対的にはハズレが少ないことでしょう。読破してから、紹介してくれた人にぜひお礼と感想を伝えましょう。自分の実家を見回して、ご家族の愛読書を見つけてみてください。どんなところがおもしろかったのか、尋ねてみるとよいでしょう。

# 新聞の書評を読んでみよう

せっかく本を買うなら、期待はずれにならないようにしたいですね。そのためには、まずは人が勧める本を選んでみるのが近道です。身近な人（親、教員、先輩、友人）が推薦する本は、本当に自分に合うかどうかは読んでみないとわかりませんが、それでも一見の価値はあるでしょう。また、新聞や雑誌ではさかんに書評（ブックレビュー）を行っています。書評とは、著者以外の第三者によって書籍を紹介・批評した文章のことです。**新聞の真ん中あたりにある書評欄を読む習慣をつけると、現代の新しい知がどのように生成され、どのようなメッセージを発信しているか、それを他者がどのように評価しているかを知ることができます。**

また、インターネット書店を利用するという方法もあります。大手のサイトをみると、一つの本について多くの書評が掲載されています。これを読むと、人によっていかに読み方が多様かということがわかります。**インターネット書店には多くのメリットがありますが、その一つは第三者による書評を参考にしながら購入できることです。**これは一般の書店のように、実物を手にとって確かめられないというハンデを補ってあまりある効用です。

なかには的外れの書評も少なくありません。著者からすると、「本当に言いたいのは、そういうことではないのだけど」ということはしばしば起こります。批評する側の能力も常に問われていますし、優れた書評はそれ自体が優れた作品だといえます。「この書評はなかなかユニークな視点から分析しているな」とか、「単に内容を紹介しているだけじゃないか」、あるいは「内容を歪曲しているのではないか」とか、いろいろな読み方ができるわけです。書評は本を選ぶ際にも有効な情報源ですが、すでに読んだ本について第三者の評価や解釈を知るうえでも貴重な手段です。

この他、授業のレポートや論文を作成する際にも、本や論文の参考文献が重要になります。多くの論文のなかで引用・紹介されている文献は、相対的に重要度が高いといえるでしょう。そういう文献の価値は研究者の間でよく知られているので、図書館に所蔵されている可能性も高いでしょう。**店頭で売れている本が必ずしも質的に優れているとはかぎりません。**実のところ、著者が自分で書いていないような本もたくさん売られています（読めばだいたいわかります）。逆に、書店で平積みになっていなくても良書はたくさんあります。残念ながら、重要な文献が絶版になっているケースも少なくありません。ベストセラー本を追いかけるよりも、一見地味だけれども著者入魂の労作・力作にチャレンジするのも読書の醍醐味です。

# 塗って、折って、書いて、話す

どんなに「なるほど！」と感心しながら読んだ本でも、1週間もするとその内容のほとんどを忘れてしまうことは少なくありません。天才でもないかぎり、人間の記憶力はそれほどあてにならないようです。また、伝言ゲームを思い浮かべればわかるように、元の情報をいつのまにか誤解して記憶してしまうことも少なくありません。それでは、重要な本の内容を頭に叩き込まなければならないような場合、どうしたらよいのでしょうか。

凡才の私は「塗って、折って、書いて、話す」というプロセスをとっています。最初に読むときは、ピンクの消せる蛍光ペンを持って、「これは重要だ」と思える部分を塗ります。私の場合、通勤時間などを活用して細切れに読むことが多いので、1冊を読了する頃には最初に読んだ内容を忘れていることが多いです。そこで、読み終えると同時に、もう一度最初に戻って、塗った場所だけ飛ばし読みするのです。これをしないと、塗っただけで満足してしまい、実のところ内容はほとんど忘れてしまいます。

繰り返し読んでもやはり重要だと思える部分だけ、今度はページの上隅を三角に折り曲げます。今度は、折り曲げた部分だけ再度読み返します。そうすると、たいていの本は5〜10分程度で通し読みできるようになります。この段階で、抽出した分量は、すでに全体の内容の1割程度に絞られています。最後に、折り曲げた部分のうち、「これだけは頭に入れておきたい」と思った箇所を抜き出して、タブレットのメモ機能に書き込みます。よほど気に入った場合は、「最近こんな良書を読んだ」と人に話すこともあります。

このプロセスには二つの意味があります。一つは「繰り返し読む」ということです。一度では内容は頭に入りませんから、ある程度の反復はやはり必要です。もう一つの意味は、情報量を「絞り込む」ということです。自分にとって重要だと思える情報だけをどんどん絞り込んでいき、残りは捨ててしまいます。このような工夫をする理由は単純で、私の能力ではそうしなければ頭に入らないからです。こういう工夫は人それぞれだと思いますが、自分なりに記憶の定着率を高めるような方法を開発してみてください。

ただし、図書館や他人から借りた本に字を書き込んだり、塗ったりするのは絶対にいけません。そういう場合はとりあえずしおりをはさみ、後から該当箇所をコピーするなどの方法で対応するとよいでしょう。

# 話す前に聞こう

**就**活ではコミュニケーション能力が大事だとよくいわれます。しかし、聞き上手になるための機会は、大学生活のなかに自動的に用意されているわけではありません。話すトレーニングをする機会はゼミなどで設けられているかもしれませんが、本書でこれまで書いてきたことと矛盾するようですが、**実は社会生活において真っ先に求められることは、批判的思考や相手と議論をするスキルではないのです。**

**それは相手の真意をつかむことです。相手に共感し、相手の気分を楽にさせ、気持ちよく話してもらうことです。**まずは自分のことは棚に上げて、虚心坦懐に相手の言葉に耳をすませることです。無理に自分の話題に引っ張る必要はありません。世間では相手を論破して自分の正しさを主張しても、相手が気分を害したら物を買ってくれませんし、サービスの対価を払ってくれません。人間は感情の動物であり、人生はディベートではありません。相手と質の高い信頼関係を構築して初めてビジネスも成立します。誰でも嫌いな相手から物を買いませんよね。これは日本だけの話ではなく、外国でも本質は同じです。

なぜ私がこの点を強調するかというと、多くの大学の先生は一般的に論理性や科学性を重視しますし、説明するのは得意ですが、人間の感情については専門家としての守備範囲外だと考えているからです。残念ながら、大学の先生の話を聞いているだけでは、世間が求める聞き上手にはなれないでしょう。どうか大学生活のなかで、人とのリアルな対話を大事にしてください。SNS全盛の時代ですが、対面で適切なリアクションをできる人は、SNS上でも適切に振る舞うことができるのではないでしょうか（逆は必ずしもいえないかもしれませんが）。

ただし、相手のいうことに素直に耳を傾けるあまり、極端な主張に流されないように気をつけてください。物事を白か黒かで一刀両断する議論はわかりやすいかもしれませんが、現実世界はそれほど単純ではありません。たとえば、原子力発電の使用済み核燃料をどう処分するかという問題について、現時点では明確な解決策がありません。もちろん、海に放出することがすばらしい方法とは思えません。だからといって原子力発電を全面否定すると、石油や石炭などの化石燃料を用いる火力発電の割合が大きくならざるをえず、結果的に炭酸ガスの排出を増やしてしまい、地球温暖化に拍車をかけることになります。太陽光発電や風力発電にもいろいろ課題があります。しかし、電気のない生活はおそらく不可能です。

このように、**現実世界にはバラ色の絶対解はほとんど存在しないので、「相対的にましな選択」をせざるをえないのです。相手の話をじっくりと聞きながら、しかし安易に流されないようにするバランス感覚が大事です。**

# 人と話が合わない経験も大事だ

大学に入学後、新しい友だちができるまでのしばらくの間は、同じ高校出身の仲間を探したりするものです。私もそうでした。大規模大学になると学生は何千人、何万人といますから、同じ高校、同じ学部、同じ出身県の人に親近感をもつのは自然なことでしょう。でも、せっかく大学に入ったのだから、さまざまな人と交わってみませんか。**自分とまったく属性や性格の異なるタイプの人と交わることは、いろいろな意味で大事です。そういう人とは「話が合わない」部分が多くなるかもしれません。しかしその経験はあなたの成長にとって重要です。**

多くの人は社会に出ると、自分のことを知らない不特定多数の人に、自分の主張がいかに有意義で、いかに効果的で、いかに利益を期待できるかということを説明し、納得してもらうことが必要になります。これは民間企業であれ、公務員であれ、自営業であれ本質的には同じです。そのとき、相手が自分と似た属性の人、あるいは自分に関心や好意を抱いてくれる人ばかりとはかぎりません。

一つの例を紹介しましょう。刑務所を仮釈放になった人を対象に就労指導や生活基盤の提供などを行う更生支援施設の設置について議論があります。従来は満期出所しても仕事や住居探しに苦労し、結果的に再犯に走ってしまうケースが高かったそうです。法務省によると、更生支援を充実することによって、再犯率はかなり下がることを期待できるそうです。しかし、こうした施設の建設予定地の地域住民が治安悪化を心配するのは無理からぬことです。予定地が学校や幼稚園の近くの場合、住民が設置に猛反対するケースが後を絶ちません。あなたが使命感に燃えた法務省の担当官で、再犯率の低下や出所者の社会復帰を本心から願っていたとしても、地域住民との説明会の場で、住民側から罵倒されるかもしれません。ふだんはいい人でも、置かれた状況や立場によって人間の意識や態度は変わるものです。

もちろん、人間は弱い動物ですから、あなたが辛い思いや悲しい思いをしているときに無条件で慰めてくれる家族や友人の存在は大事です。でも同時に、「それはちょいと違うんじゃないか」と指摘してくる人は得難い存在です。大学時代にあなたに正々堂々と反論してくれる友人を見つけられた人は幸せです。人に反論するのはいくばくかの勇気と労力が要ることですので、どうでもいい相手にわざわざしないからです。また、多様な意見とすり合わせることによって、自分の考えをより合理的、頑健で、適切な方向へ発展させることができます（こういう考え方を哲学の用語で「弁証法」といいます）。その過程で自分の意見を批判されることもあるでしょうが、自分の思考を鍛えるよいチャンスだと考えてみてください。

# 空気を読まないことも大事だ

**現**代の若者は私生活や身近な友人関係に閉じこもりがちで、社会や公共的な領域への関心が薄れていると指摘されることがあります。つまり、気心が知れた友人には過敏なほど神経を使って空気を読む一方で、それ以外の人々は若者にとってほとんど風景のようにしか映らないという意味です。いつの時代でも、大人にとって青年は不気味で怖い存在で、大人は若者にいろいろなレッテルを貼りたがるものかもしれません。若者にかぎらず、私たちの社会は仲間うちからどう見られるかについて、互いに過度の神経を使っているようです。つまり、われわれは「空気が読めない奴」と思われることを極度に恐れていないでしょうか。

「周りの空気を読んで何が悪いのだ」と思われるかもしれません。たしかに人の気持ちを先回りして読むことはコミュニケーションにおいてとても重要なスキルでしょう。でも、嫌われまいとして本音を隠しつつ意見をすり寄せていくことによって、多様な意見がぶつかり合って切磋琢磨するというダイナミズムが失われてしまう危険性があります。科学の進歩も、世界の平和共存も、芸術の発展も、多様な価値観や方法論が相互に刺激し合うことによってもたらされたといえるでしょう。同質的なものに安心感を覚えるのは人間の本能かもしれませんが、排他的な文化や同調圧力のなかからは変革や進取の気運はなかなか生まれにくいものです。

ここでいいたいことは、**多数派がつねに正しいとはかぎらない**ということです。最も支配的な世論が歴史的にみて正しい選択をしたとはかぎりません。ヒトラーは1930年代初頭のドイツにおいて、選挙という民主的かつ合法的手段によって首相に選ばれました。ダーウィンが生物の進化プロセスに着目した「種の起源」を発表したとき、神が天地や人を創造したと信じてきた宗教関係者からは猛反発を受けました。現代の民主主義においては多数決を尊重すべきですが、だからといって少数意見を無視してよいことにはなりません。私たちは、時として多数派の意見に無意識に付和雷同していないでしょうか。

たまには、「多数派の意見」や「世間の常識」といわれるものを疑ってみませんか。**時には意識的に「空気を読まない」ことも大事です。なぜなら、「何かがおかしい」という自分のなかのモヤモヤに気づくことができるからです。また、立場や意見が互いに異なることを踏まえたうえで互いの存在を認め合うという経験ができるからです。**人間の意見は本来一人ひとり異なるはずですから。

# 英語だけに頼らない

世界中の人々とコミュニケーションを図るうえで英語のスキルは欠かせません。おそらくどこの大学のどの学部に進学しても、教養課程で英語の授業は必修になっていることでしょう。インターネットで情報検索する際も、海外旅行をする際も、英語ができるほうが便利であることはたしかですし、英語を用いるとアクセスできる情報量が圧倒的に増えます。実際に、英語は多くの国（アメリカ、イギリス、カナダ、オーストラリアなど）の母語であると同時に、最も世界で普及している外国語だからです。英語を母語としない人同士が英語を用いて意思疎通を図ることは今やありふれた光景です。

しかし、英語が使えるようになると便利なので、ついつい英語に頼ってしまうという落とし穴があります。たとえば大学のカフェテリアで中国人留学生とおしゃべりをする光景を想像してください。留学生が流暢な日本語を話せるなら、おそらく会話は日本語が中心になるでしょう。しかし、留学生が日本語を話せない場合は、お互いに身振り手振りで英語を使うことになるでしょう。でも、日本人と中国人の会話で「アイム、ファイン、サンキュー」「ユー、アー、ウェルカム」なんてしゃべるのは、なんだか奇妙な感じがしませんか。もしあなたが少しでも「ニイハオ」とあいさつできれば、相手の印象は大きく違ってくるかもしれません。

海外旅行でも同じことがいえます。どこに行っても英語を使うのは、「芸がない」ように思うのです。個人的な話で恐縮ですが、以前イラン政府から講演を依頼されてテヘランに短期出張しました。意外なことに、欧米諸国と対立関係にあるイランの知識人たちはとても英語が上手でした。残念ながら私はペルシャ語を話せないので、ビジネスミーティングは英語で行いました。でもコーランが響くテヘランの街中で、日本人とイラン人が英語を話している光景には違和感をおぼえました。そこで、ペルシャ語の「こんにちは」「ありがとう」「おいしい」だけ一夜漬けで丸暗記して翌日から使ってみることにしたのです。そうしたら行く先々で大歓迎を受けました。今でもその言葉を覚えています。

イランにかぎらず、中国に行くなら中国語、フランスに行くならフランス語など、行く先々の言葉であいさつをするほうが相手から喜ばれるし、話がはずむことは確実です。もちろんちょっと複雑な話になると英語を使わざるを得ないのですが、英語はお互いにとってビジネス言語ですので、どうしても味気ない会話になってしまいます。むしろ、**英語にできるだけ頼らず、さまざまな言語にチャレンジしてみることが、多様な文化を尊重することにつながるのではないでしょうか。言語は文化の最たるものです。相手の文化を理解するには、まず相手の言語にトライしてみることが早道です。**

# 「当たり前」を疑ってみよう

**あ**なたが当たり前だと信用していることのなかには、実は怪しいものが少なくありません。その一つがメディアの言説です。IT業界華やかなりし頃、若きベンチャー企業経営者が時代の寵児のようにもてはやされました。ところが彼らの乱脈経営が明るみに出るやいなや、マスコミは一転してバッシングに転じました。芸能界もしかりです。下にも置かないような扱いをしていたことなど、マスコミはすっかり忘れたかのようです。

マスメディアでは目先のおもしろさや瞬間的な座持ちのよさが優先され、複雑な問題を過度に単純化したがります。実際のところ、起きている社会問題はそれほど単純ではなく、さまざまな利害や立場が複雑に絡みあっていることが多いのですが、テレビの司会者はそれらを一刀両断にして、庶民の鬱憤を晴らしてくれます。しかし、そこにはある種の危うさが潜んでいます。メディアはたしかに視聴者の味方です。より正確には、その背後にある大衆という実体のない空気のような存在の味方を演じているのです。

実際には、貧困問題を憂えるニュースキャスターは億万長者だったり、官僚の天下りを批判する新聞社やテレビ局にも官庁からの天下りがあったりします。街頭インタビューでも、放送局の意向にとって都合の悪い発言は編集段階でカットされま

す。権力を批判するメディア自体も権力の一つなのです。だから、マスメディアの言説をそのまま鵜呑みにするのも危ないのです。「この新聞ではこういっているが、別の新聞では違う見解を述べている。どっちが妥当なのだろう」と、いろいろな情報を相対化して受け止めることが大事だといえましょう。

ふだん当たり前だと思っていることのなかで、不可思議なことは他にもいろいろあります。初対面で相手の顔もろくろく見ないうちから名刺を交換する日本のビジネス習慣もその一つです。名刺を早く渡すことを優先するので、後で顔と名前が結びつかないことは珍しくありません。また、日本式のパーティーだと乾杯するまでに年長者によるあいさつが延々と続き、料理が冷めてビールの泡が抜けきった頃に、ようやく乾杯のご発声となります。そこでまた前置きの話が長いと悪夢です。学会の懇親会などはその悪い典型です。忍耐力を養うには日本式パーティーはうってつけです。

**私たちが当然のように思っている社会常識は、意図的に操作されたものや、意味不明なことも少なくありません。たまには「その常識にはどんな意味があるのだろう」と疑ってみることも大事です。無条件で信じ込んでしまうことは思考停止につながる危険があるからです。**

## 「鳥の眼」と「虫の眼」をもとう

**第**1章で、学識があるとは自分のなか に時間的・空間的に大きな座標軸 をもつことであると言いました。仮に、こ の見方を「鳥の眼」と呼ぶことにします。 「鳥の眼」とは、小さい部分にとらわれず 巨視的な物の見方をすることです。**異な る時代に起きた現象を歴史的に比較した り、異なる国・地域で起きた現象を横断的 に比較したりする際など、いずれも鳥のよ うに大地を広く見渡す巨視的な視点が求 められます。**

たとえば政治の話題を紹介します。戦 後の日本では自民党中心による政権運営 が長く続いていますが、実は選挙による 政権交代が3回ありました（1947年の片山 内閣、1993年の細川内閣、2009年の鳩山内閣）。 しかし、いずれも不安定な政権運営によ り短期間で瓦解しました。とくに2009年 の政権交代は、自民党が初めて衆議院第 一党から転落し、民主党が過半数を制し た正真正銘の政権交代でしたが、国民の 期待に反して政治は安定せず、わずか3 年で自民党が政権に返り咲きました。

日本が議院内閣制のお手本としている イギリスでは保守党政権が長く続き、二 大政党の一角を担う労働党の政権担当能 力が成熟したのは1940年代に入ってか らだといわれています。それまでの労働 党政権はいつも短命でした。また、長らく 国民党の一党独裁体制下にあった台湾 において、国民党以外から初めて総統（大 統領）が選ばれて世界の注目を集めたの は2000年のことでした。以来、民主進歩 党が8年間政権を担当しましたが、スキャ ンダルが相次いで政権は終始安定せず、 2008年に国民党に総統ポストを奪回され ました（その後、2016年に再び民進党政権が誕 生します）。

このように、長い伝統を誇る保守政党 に対抗して新興のリベラル政党が成長 し、政権奪取する際は、洋の東西を問わ ず、試行錯誤を繰り返して統治能力を学 習するための一定の時間が必要だという ことが歴史の教訓のようです。話が少し 長くなりましたが、このように、いわば天空 から地上を俯瞰するような「鳥の眼」をも

つことによって、時間や空間を超えて存在する特性について考えることができます。

一方で、**日常のささいな部分、ミクロな部分に目を向けることも同じくらいに大事です。これを「虫の眼」と呼ぶことにします。「虫の眼」をもつことによって、諸事象のなかに存在する差異性がもつ意味について考えることができるのです。**一つの事例を紹介しましょう。

私はベトナムの教育研究をしているので、ベトナムをときどき訪れます。ベトナムでは歩道をせき止めるように道路と垂直方向にオートバイが駐輪しています。オートバイを止めてあるところでは、歩行者は車道にはみ出して歩かざるを得ません。かつては、「歩行者を妨げるとはけしからん。ベトナム人はマナーが悪いな」と思っていました。ところが周りを見てみると、現地のベトナム人は私のように道路に沿って並行に歩く人はほとんどいないことに気がつきました。これはどうしたことだろうと

思いました。

そこである日、通り沿いにある小さなカフェに座ってお茶を飲みながら、ベトナム人の行動を定点観測することにしたのです。すると、多くのベトナム人はオートバイに乗ってきて、歩道を横切るように駐輪するなり、そのまま店のなかに入っていくことに気がつきました。ベトナム人にとって歩道とは、「歩くための道」ではなかったのです。目的地の家や店の前までオートバイで乗りつける習慣をもっているベトナム人にとって、歩道とは垂直に横切るものなのでした。歩道を歩く習慣がほとんどないので、オートバイは邪魔になりません。私が「ベトナム人は交通マナーが悪い」と腹を立てるのは見当違いだったということになります。

またベトナムでは初対面の人からよく年齢を聞かれることがあります。プライバシーを尊重する社会では、他人の年齢や家族構成について不用意に尋ねると「無

神経な人だ」と思われかねません。アメリカでは履歴書に性別や生年月日を書くことすらはばかられるくらいです。ところがベトナムでは初対面の人に年齢や家族について尋ねるのはごく日常的なことです。これはベトナム人が人間関係について無神経なのではなく、むしろその逆で、彼らが人間関係を非常に重んじているからなのです。

もう少し詳しく説明しましょう。ベトナムのような伝統的な儒教社会では、どちらが年長者かということが日常の人間関係において重要な意味をもちます。言語的にも、年長者に用いる代名詞と年少者に用いる代名詞は異なります。その場合、絶対的な基準はなく、自分の年齢と比較してとっさに判断して使い分けなければなりません。日本人も「わたし」「ぼく」「おれ」などの一人称代名詞を状況に応じて使い分けていますね。長幼の序を重んじる伝統社会では、相手の性別と年齢と社会的地位によって、代名詞を正確に使い分け

ることが人間関係を保つうえで不可欠なので、最初に年齢を確認し合うのです。そうした文化背景を知らないと、「ベトナム人はプライバシーに無神経だ」と勘違いしてしまいます。

つまり、社会常識というものは相対的に変化しうるものであり、先入観を捨てて「虫の眼」で観察することによって、初めて気づくことも多いのです。たとえば、子ども時代に戻ったつもりで目線を下げて歩くだけでも、視界に映る世界はガラッと異なるはずです。たまには、小さな虫になったつもりで、見慣れた風景をミクロな視点からじっくりと観察してみませんか。新しい発見があるかもしれません。

矛盾したことをいうようですが、「鳥の眼」と「虫の眼」は両方とも重要です。より大きな視野から俯瞰することと、より微細に観察すること、この両方の視点があなたに豊かな学識をもたらしてくれるでしょう。

# 当事者意識をもとう

「**批**判的に考える」ことの重要性をこれまで繰り返して指摘しましたが、ここにも落とし穴があります。たしかに、他人のいうことを鵜呑みにせず、「なぜそういえるのだろうか?」「本当にそうだろうか?」と自分のなかで検証することは大事です。多数派の意見が必ずしも正しいとはいえないし、自分が不用意に大勢に付和雷同していないかを確かめるきっかけになるでしょう。

しかし、外部から批判をしているだけだと、ただの評論家になってしまいます。テレビの討論番組を見ればわかるように、外部から批判するだけなら、ちょっとした知識があれば実は誰にでもできます。完璧でないからといって、「この政策には欠陥があるからダメだ」と難癖をつけていたら、いつまで経ってもきりがありません。物事にはリスクはつきものですし、100%確実な方法というのはありえないことです。政治であれ、ビジネスであれ、医療であれ、リスクを背負い込んだうえで、状況に合わせて相対的に適切な方法を選択せざるをえないのが現実社会です。

野球の試合にたとえてみましょう。観客席でフィールドを見下ろしながら、「なぜあそこでピッチャーを交替させるのか」「なぜバントをせずに強攻策をとったのか」とクレームをつけるのは楽しいし、簡単です。しかし、実際にチームの監督として采配をふるう立場、あるいはプレーする立場で決断を下すのは容易なことではないでしょう。大変な緊張感を伴うはずです。

そこで提案ですが、批判や評論をするだけでなく、「自分ならどうするか」という視点から考えてみたらどうでしょうか。「あれはアフリカの話だから私には関係ない」「私が戦争を起こしたわけではないからわからない」とすませてしまうのではなく、**なぜそうした状況が生まれたのかを、当事者の立場に立って想像してみることによって、より柔軟で現実的な思考が生まれるのではないでしょうか**。たとえば帝国主義による植民地支配は許されるべきことではありませんが、現代の倫理感覚で当時の政治を批判してもあまり意味はありませんよね。

大学生のあなたなら、クラブ活動やボランティア活動、大学祭の実行委員会などは、実際に組織に参加して、当事者として何かに取り組んでみるよいチャンスです。外から眺めるのと、実際にやってみるのでは、ずいぶんと勝手が違うでしょう。本当の苦しさや楽しさは、当事者にならないとわからないはずです。「自分ならどうするか」を考えてみること、あるいは実際に当事者の立場になって苦労してみることをおすすめします。

# AIが苦手なところで勝負しよう

**生**成AI（人工知能）が飛躍的に進歩して、誰でも手軽に利用できる時代が到来しました。何も考えずにAIで作成した内容を鵜呑みにするのは危険ですが、かといってやみくもに拒否するのは生産的ではありません。**AIの特性を知りながらうまくつきあっていくのが賢明でしょう。**

AIで作成された文章には、不正確な内容や矛盾が含まれている可能性があります。AIに個人情報や機密性の高い情報を入力すると、それらの情報が流出する可能性があります。また、AIで作成された文章をそのまま使うと、知らないうちに他者の著作権やプライバシーを侵害する恐れがあります。人間でないAIには感情がありませんので、こうした問題が起きても良心の呵責はありませんし、責任をとってくれるわけではありません。つまり、AIを利用して得られた情報は、内容が正確か、個人情報等が含まれていないかを、人間が入念にチェックする必要があります。同時に、AIにデリケートな情報を不用意に入力しないようにしましょう。

私も試しにAIを使って文章を作成したことがあります。読んでみると、最初に全体論があり、次に第一に、第二に、と各論が続き、最後にまとめがついています。見た目は形式と構成が当たり障りなく整っているように見えます。しかし、AIは蓄積された膨大なデータから一定の法則に従って単語を選択しているだけで、人間のように試行錯誤したり、奇妙な思いつきをしたりするわけではありません。これからだん

だん進化していくのでしょうが、現在のAIが作成した文章は、注意して読んでみると内容が没個性的です。人間が書いたものでないことは、専門分野の教員が読めばどことなくわかります。大学のレポート課題にたとえるならば、教員としては60点か70点くらいはつけられるかもしれませんが、90点をつけようとは思わないでしょう。

ただし、AIが優位性をもっている領域では競争を避けるのが賢明かもしれません。単純計算、記憶量、検索能力では、人間はとうていAIにはかないません。テレビ番組のクイズ王のような反射神経は、これからはあまり意味をなさなくなるでしょう。一台のスマホがあれば足りてしまうからです。**これからは、AIが苦手とするところで勝負するのが得策かもしれません。それは知識の意味や関係性を考え、疑い、複雑な文脈のなかでこれらを柔軟に運用する知恵です。**

われわれ人間は理性だけで生活しているわけではありません。「うれしい」「いとおしい」「美しい」「なつかしい」「おいしい」と思える感覚や感情は、人間の行動に大きな影響を与えます。えもいわれぬ質感（これをクオリアといいます）は人間にしかわかりません。とすれば、感情や感覚や意思を含めた「知情意」の総合力で勝負することが人間の強みだと言えるのではないでしょうか。指標化しにくいアナログな能力を自分で鍛えて、AIと差別化を図りましょう。

# 目の前のことに打ち込むべし

学習上の困難にはどんなことがあるかを授業の際に学生に尋ねたことがあります。その三大要素は、自己管理ができないこと、勉強の方法がわからないこと、将来の目標が見えないこと、でした。これらのうち、最初の二つは誰でもある程度は共通のノウハウやスキルを発見できますが、自分の将来については千差万別なので、どうしていいかわからないという人も多いと思います。まして新入生なら、将来何をしたいのか、自分には何ができるのか、何が向いているのか、まだ見当がつかないというのは自然なことです。

人生は偶然の連続です。将来のことをくよくよと心配してもほとんど意味がありません。長い間に社会状況は変わるし、自分自身も変化するからです。たとえば私が大学生だった1980年代後半はバブル経済の絶頂期で、学生の就職人気は金融・サービス業界に集中し、製造業は地味なイメージでした。まもなくバブルは崩壊し、有名な銀行や証券会社がバタバタつぶれました。代わって台頭したのがハイテク産業や製造業でした。とくに自動車産業は絶好調となり、私が当時いた名古屋は日本一元気な都市だともてはやされました。ところがリーマンショックによって再び雲行きが怪しくなりました。誰でも知っていることですが、景気は一定周期で循環するのです。社会も経済も政治も、10年も経てば状況はがらりと変わります。予期できぬ未来を心配しても意味がないのです。

では、どうしたらいいのでしょう。まず、あれこれ心配する前に、せっかく大学に入ったのだから、最初の1年くらいは目の前の大学生活を満喫しましょう。おもしろそうな授業を受講してみてください。風変わりでユニークな教授の話を聞いてみてください。クラブ活動に参加してみてください。大学が提供するさまざまなサービスを大いに活用してください。

あなたがいくら「自分探し」をしても、たぶん「自分」は見つからないでしょう。若いあなたがベクトルを自分に向けても、そこはまだほとんど真空状態だからです。遠い未来のことを心配するよりも、目の前の一歩を考えましょう。社会学者のマックス・ヴェーバーは、今から約100年前のドイツの大学生に対して、社会不安や流行に踊らされることなく日々の自らの本分に帰れと警鐘を鳴らしています。ぜひ、大学で活動するなかでおもしろいと思える人や課題を見つけたり、目の前の活動に必死になって取り組んだりしてみてください。そのうち、何かに打ち込んでいるあなたに注目する人が現れるはずです。

# 理不尽さを受け流そう

**学**校の勉強には基本的に正解があり、努力すればそこに近づくことが可能です。しかし、**現実社会は不条理と矛盾に満ちています**。街中を歩いていても危害に遭うことはありますし、隣国から突然攻め込まれる可能性もあります。ネット上では不正確な情報が飛び交っています。自分の努力が足りないのであれば納得できるのですが、残念ながら**人生では努力や誠意が報われないこともときどきあります**。

たとえば、アルバイトの採用面接で不採用になるとき、理由の説明はたぶんありません。通知メールの書面には、「総合的に検討した結果、今回は不採用とさせていただきます。貴殿の今後のご活躍をお祈りします」と書いてあるだけです。特定のスキルが足りなかったのか、面接時の印象が悪かったのか、本当の理由は不明ですし、細かく問い正すことはあまり意味がないでしょう。「この人はなんとなくうちの会社には合わないな」と思っただけかもしれないからです。たぶん就職活動でも同じ問題が起こるでしょう。

逆説的な言い方になりますが、大学のキャンパスはあなたにとって温室のような存在だと思ってください。あなたは大学にとって授業料を払ってくれる大切な存在なので、大学側があなたに理不尽なことをするはずがないからです。むしろ、過剰サービスではないかと感じられるくらい、今日の大学が学生に対して至れり尽くせりになっていることの方が問題かもしれません。大学は学生を鍛えるべき教育機関

であって、ホテルやデパートではないのですから。大学内の感覚を当たり前だと思わずに、そもそも世間というものは理不尽なものだと初めから考えておけばいいのです。

では不愉快なことや理不尽な目に遭うときは、どうしたらいいか。そのつど考え込んだり、自分を責めたりするとつぶれてしまうので、適当に受け流すのが賢明です。「受ける」のではなく、「流す」のです。そして忘れましょう。いつまでも「何がいけなかったのだろう」と自分を責める必要はありません。落ち込む気持ちはよく理解できますが、先輩や友だちに愚痴を聞いてもらい、嫌な記憶を洗い流してしまいましょう。原因を追求することよりも、真面目に考えすぎて自分をつぶさないことが何より大事です。それよりも、小さな成功体験を積み重ねて、自信をつけていくことが大事です。

みなさんは、これまでの学校教育では先生から努力が大事だと教えられてきたことでしょう。特に大学の先生は「分析」が大好きです。しかし、現実社会には自分の努力だけではどうにもならないことや、理屈では説明がつかないことはたくさんあります。細かく分析しても意味がありませんし、あなたのせいではありません。たまたま個人的な相性が合わなかったり、タイミングが合わなかったり、一方的に誤解されるような経験は、誰にもあるのです（私にもたくさんあります）。うまく気分転換する方法を見つけましょう。

# 逃げ場をつくろう

これまで「自発的に学ぶための習慣づけをしよう」というメッセージを述べてきましたが、いつもがんばってばかりでは疲れますよね。大河小説『青春の門』を書いた作家の五木寛之は、高度経済成長期やバブル経済の時代を「躁の時代」にたとえ、これと対比させながら現在の日本は「鬱の時代」に入っているといいました。よく知られているように、鬱の人に「がんばれ」というのは逆効果です。上手に逃げ場をつくることも隠れたノウハウだと思います。時には疲れた精神を癒し、慰め、元気を取り戻す場が必要になるでしょう。あなたには、心と体を休める場はありますか。

逃げ場づくりとして、二つのことを提案します。

一つは、**無条件にあなたを受け入れてくれるような共同体を見つけることです**。大学生ならば学業、社会人ならば仕事で行き詰まったりするとき、あなたをそうした特定の役割・機能としてではなく、全人格として受け止めてくれるような場に一時的に避難するのです。たとえば、家族や地元の仲間やクラブ活動、ボランティアの集いなどです。そこでは「○○会社の」とか「△△大学××学部の」という肩書きは必要ありません。こうした利益を度外視した共同体のことを社会学では「ゲマインシャフト」といいます。

評論家の内田樹氏は、若者が社会現象に無関心であったり、反対に個人のブログを攻撃して炎上させたりするような極端な行動をとる背景として、社会における中間的な共同体の存在が弱くなってしまったことを指摘しています。中間的な共同体なら個人の顔が見える規模なので、互いに無視をしたり極端な行動に走るのを抑制したりする効果があるのに対し、テレビやネット上の人なら、手の届かない風景と同じなので、何をいっても平気になってしまうというわけです。

二つ目の提案は、**心静かに思考をめぐらす場を確保することです**。このことを宗教用語で「静修（リトリート）」といいます。多くの人が指摘していますが、おもしろいアイデアや解決策は、教室や職場よりも、もっと心身をリラックスできる場で偶然生まれることが多いのです。私の場合、アイデアはアルキメデスのように入浴中に思いつくことが多いので、新しい仕事にチャレンジするときは、まずはともあれ温泉や公衆浴場に足を運び、湯船に体を沈め、しばらく頭のなかを空っぽにします。体が温まるにつれ、心も解きほぐされていくのを感じます。あなたもリトリートの場をぜひ見つけてください。

# 参考文献

本書を執筆するうえで参考にした本のうち、入手可能で比較的安価、かつ内容的にも筆者が大学新入生にお勧めしたい本。大学の図書館で探せば見つかる可能性が高いです。

各カテゴリー内は著者姓の五十音順。やや難易度が高いと思われる文献には★をつけました。

## 大学はどういうところか、大学はどのようにつくられてきたか

・天野郁夫『大学の誕生（上）帝国大学の時代』中公新書、2009年
・天野郁夫『大学の誕生（下）大学への挑戦』中公新書、2009年
・潮木守一『フンボルト理念の終焉？　現代大学の新次元』東信堂、2008年
・内田樹『街場の教育論』ミシマ社、2008年
・佐藤郁哉『大学改革の迷走』ちくま新書、2019年
・横尾壮英『大学の誕生と変貌　ヨーロッパ大学史断章』東信堂、1999年
・吉見俊哉『大学とは何か』岩波新書、2011年

## 大学で身につけるべき学識とは何か、教養とは何か、学識ある市民になるとはどういうことか

・阿部謹也『教養とは何か』講談社現代新書、1997年
・石井洋二郎、藤垣裕子『大人になるためのリベラルアーツ　思考演習12題』東京大学出版会、2016年
★マックス・ヴェーバー（尾高邦雄訳）『職業としての学問』岩波文庫、1980年
★オルテガ・イ・ガセット（佐々木孝訳）『大衆の反逆』岩波文庫、2020年
★エドワード W. サイード（大橋洋一訳）『知識人とは何か』平凡社ライブラリー、1998年
・立花隆『東大生はバカになったか　知的亡国論＋現代教養論』文春文庫、2004年
★戸田山和久『教養の書』筑摩書房、2020年
★E.L. ボイヤー（有本章訳）『大学教授職の使命　スカラーシップ再考』玉川大学出版部、1996年
★J.S. ミル（竹内一誠訳）『大学教育について』岩波文庫、2011年

## 科学とは何か、科学者とはどんな人々か

・酒井邦嘉『科学者という仕事　独創性はどのように生まれるか』中公新書、2006年
・東京大学教養教育高度化機構初年次教育部門・増田健・坂口菊恵編『科学の技法　東京大学「初年次ゼミナール理科」テキスト』東京大学出版会、2017年
・米国科学アカデミー編（池内了訳）『科学者をめざす君たちへ　科学者の責任ある行動とは』化学同人、1996年
・村上陽一郎『科学者とは何か』新潮選書、1994年

・ 増田ユリヤ『世界を救うmRNAワクチンの開発者　カタリン・カリコ』ポプラ新書、2021年
・ ジェームズ・ワトソンほか『知の逆転』NHK出版新書、2012年

## 青年期の悩みにどう向き合うか、青年期をどう生きるか、学習意欲を高めるには

・ 市川伸一『学ぶ意欲の心理学』PHP新書、2001年
・ デイジー・ウェイドマン（幾島幸子訳）『ハーバードからの贈り物』ランダムハウス講談社、2004年
・ 小此木啓吾『モラトリアム人間の時代』中公文庫、1981年
・ 姜尚中『悩む力』集英社新書、2008年
・ 立花隆＋東京大学教養学部立花隆ゼミ編『二十歳のころI 1937-1958』ランダムハウス講談社文庫、2008年
・ 立花隆＋東京大学教養学部立花隆ゼミ編『二十歳のころII 1960-2001』ランダムハウス講談社文庫、2008年

## 大学で学ぶうえでのきっかけ、コツ、思考法、学習方法

・ 苅谷剛彦『知的複眼思考法』講談社、1996年
・ A.W. コーンハウザー（山口栄一訳）『大学で勉強する方法』玉川大学出版部、1995年
・ 小林康夫・船曳建夫編『新・知の技法』東京大学出版会、1998年
・ 齋藤孝『読書力』岩波新書、2002年
・ 佐藤望編著『アカデミック・スキルズ　大学生のための知的技法入門』慶應義塾大学出版会、2006年
★ 戸田山和久『思考の教室』NHK出版、2020年
・ 外山滋比古『思考の整理学』ちくま文庫、1986年
・ 名古屋大学高等教育研究センター編「ティップス先生からの7つの提案（学生編）」2005年
　http://www.cshe.nagoya-u.ac.jp/seven/student/index.html
・ P. G. ハマトン（渡部昇一・下谷和幸訳）『ハマトンの知的生活』三笠書房、2022年
・ 溝上慎一『大学生の学び・入門　大学での勉強は役に立つ!』有斐閣アルマ、2006年

## 大学で求められる文章の書き方

・ 鹿島茂『勝つための論文の書き方』文春新書、2003年
・ 木下是雄『理科系の作文技術』中公新書、1981年
・ 酒井聡樹『これから論文を書く若者のために　究極の大改訂版』共立出版、2015年
・ 佐渡島紗織・吉野亜矢子『これから研究を書く人のためのガイドブック』ひつじ書房、2008年
・ 戸田山和久『最新版　論文の教室　レポートから卒論まで』NHKブックス、2022年
・ 渡辺哲司『大学への文章学』学術出版会、2013年

# あとがき

　本書は、名古屋大学高等教育研究センターが2006年から発行し、継続的に改訂している学内向けハンドブック『名古屋大学新入生のためのスタディティップス』の内容を下敷きにしています。第1章の7割程度、第2章の半分程度は名古屋大学版を活用しています。第3章は筆者による書き下ろしです。本書の制作にあたっては、全国の大学新入生に読んでもらえる内容にすべく、大幅に元の文章の加筆・訂正を行いました。したがって、本書の内容に関する責任はすべて筆者にあります。名古屋大学版の共著者であった戸田山和久、夏目達也、中井俊樹、齋藤芳子、鳥居朋子の各氏には、スタッフを代表して同ハンドブックを単行本としてまとめる機会を筆者に与えてくれたことに心から感謝します。

　本書のコンセプトは、大学で学ぶことの意味は何か、いかにして大学時代に自発的に学ぶ習慣を身につけるか、ということです。すでに大学での学習方法については、文献検索の方法からゼミでのプレゼンテーションに至るまで、数多くの書物が世に出されています。具体的な学習スキルについてはそうした類書を読んで頂ければ幸いです。本書では、大学での学習を充実させるためにはどのような日常的工夫が効果的なのか、自ら学ぶ習慣をつけるためにはどのような点に留意すればよいのかといった「そもそも論」や「思考法」について、必要最小限に絞って伝えることをねらいとしました。その際に、さまざまな学習理論の知見を活用しました。本書が大学新入生にとっていくばくかの刺激

になれば幸いです。

　本書を書くにあたって、自分のなかに無意識的に蓄積されている学習ノウハウを言語化し、それを新入生に理解できる言葉に紡ぐことは、予想外に難しいことを実感しました。本書では幅広い学識と汎用スキルを身につけることの重要性を繰り返し説いていますが、大学教員の側こそ、学生に教える前にこのことを自問自答しなければなりません。学問の細分化は著しく、大学教員ですら学問の体系や全体像を俯瞰することが難しい時代になりつつあります。学ぶ側の学識を問う前に、まずは教える側の学識について自戒することの重要性を嚙みしめています。私は、教員と学生のそうした緊張感のある関係こそが、大学に活力をもたらすものと信じています。

　玉川大学出版部の成田隆昌氏と各務早智子氏は、なかなかコンセプトの固まらない筆者を根気よく励まし続けてくれました。いつも決まって新横浜駅で待ち合わせをして、駅ビル内の喫茶店でああでもない、こうでもないと意見交換できたことは懐かしい思い出です。両氏や上記センターのスタッフがいなければ、本書が世に出ることはなかったことでしょう。励まして下さった方々に感謝します。

2009年10月

近田政博

# 改訂版あとがき

　本書を手にとってくださり、ありがとうございます。初版の刊行から15年の歳月が経ち、多くの読者の方からコメントをいただきました。このたび改訂版を刊行いたします。

　第1章は本書の骨格となる部分ですので、ほとんど手を加えていませんが、第2章と第3章には新たにいくつかのティップスを追加しました。見出しも修正しました。読み直してみて、時代状況と合わなくなった表現や、新たに言及すべき点に気づき、歳月の重みを感じました。

　この15年間に大学教育をとりまく環境は激変しました。2009年当時、スマートフォンはまだほとんど普及していませんでした。今日では、自分のノートパソコンやタブレットを大学の授業に持参する方式が定着しています。また、多くの大学では学修支援システムが普及し、教材の配信、課題の提出などをすべてインターネット上でできるようになりました。旧版の出版時には、まだほとんどが紙ベースでした。これには、新型コロナウイルス対策として各大学がオンライン授業を整備したことが大きく影響しています。

　それから、大学教育は質を保証するための仕組みを国から厳しく課されるようになりました。私自身はご縁があって2014年に名古屋大学から神戸大学に移り、大学全体の教学面の評価委員長を7年間担当しました。この間、日本の大学教育はよくなったと言えるのか、名古屋大学や神戸大学の教育はよくなったのか、気になるところです。こっそり本音を言うと、大学教員は会議や書類づくりばかりが増えて、肝心の学生と接する機会がかえって減ってしまったのではないかと懸念しています。これでは本末転倒ですね。

大学をめぐる社会環境も激変しました。東日本大震災（2011年）、新型コロナウイルスの世界的まん延（2020年）、ロシアによるウクライナへの軍事侵攻（2022年）など、刊行時には想像もつかないことが次々と起きました。世界は矛盾と混沌、そしてチャンスに満ちています。あらためて、「未来のことは予測できない」「今できることをやるしかない」という当たり前のことを痛感させられます。

　本書を読み直してみて思ったことは、細かな点は歳月とともに古びても、本質的に重要な点はそんなに変わらないということです。特に第1章の「あなたが大学で学ぶことの意味」のメッセージは今なお色あせていないと信じています。このメッセージには当時の名古屋大学高等教育研究センター長だった戸田山和久先生の思いが投影されています。戸田山先生は近年、名著を続々と刊行され、そこには本書と類似するメッセージを見つけることができますが、本書はその元祖ですよ、と胸を張って言えます。

　今回の改訂にあたり、研究アシスタントの松田華織さん、大学院近田ゼミの学生諸君、大学生のセガレから得た着想のいくつかを活かしました。若者たちの協力に感謝します。最後に、そろそろ本書の改訂版を出さないかと提案してくださった編集者の森貴志氏（梅花女子大学准教授、元玉川大学出版部編集課長）に記して感謝します。本書が大学新入生にとって、学びの手がかりになれば幸いです。

　　　　　　　2023年10月　六甲山麓の神戸大学キャンパスにて

**著者**
近田政博
ちかだ・まさひろ

神戸大学教授(大学教育推進機構大学教育研究センター)。同大
学教養教育院副院長。博士(教育学、2003年、名古屋大学)。
1967年、愛知県豊橋市生まれ。1995年、名古屋大学大学院教育
学研究科博士後期課程満期退学後、同大学教育学部助手。同大
学高等教育研究センター講師、助教授、准教授を経て、2014年よ
り現職。
主な著書──
『成長するティップス先生　授業デザインの秘訣集』(共著、2001
年)、『大学教員準備講座』(共著、2010年)、『シリーズ大学の教授
法5　研究指導』(編著、2018年)、『知のリーダーシップ　大学教授
の役割を再生する』(ブルース・マクファーレン著、共訳、2021年、
以上すべて玉川大学出版部)

高等教育シリーズ188
**改訂版 学びのティップス**
**大学で鍛える思考法**

2009年11月30日　初版第1刷発行
2021年 5月20日　初版第8刷発行
2024年 3月10日　改訂版第1刷発行


著者　　近田政博

発行者　小原芳明

発行所　玉川大学出版部
　　　　〒194-8610 東京都町田市玉川学園6-1-1
　　　　TEL 042-739-8935　FAX 042-739-8940
　　　　https://www.tamagawa-up.jp
　　　　振替 00180-7-26665

デザイン　しまうまデザイン
印刷・製本 創栄図書印刷株式会社